TUDO
— absolutamente tudo —
É ESPIRITUAL

ROB BELL
AUTOR BEST-SELLER DO THE NEW YORK TIMES

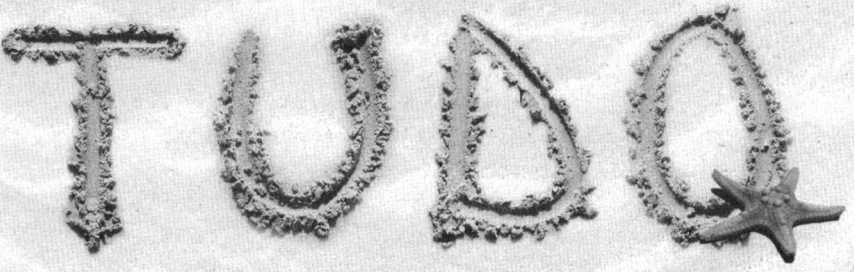

TUDO
– absolutamente tudo –
É ESPIRITUAL

ENCONTRANDO SUA PAZ NUM MUNDO TURBULENTO

TRADUÇÃO:
Carlos Szlak

EVERYTHING IS SPIRITUAL
TEXT COPYRIGHT © 2020 BY ROB BELL
PUBLISHED BY ARRANGEMENT WITH ST. MARTIN'S
PUBLISHING GROUP. ALL RIGHTS RESERVED.

COPYRIGHT © FARO EDITORIAL, 2021
TODOS OS DIREITOS RESERVADOS.

Nenhuma parte deste livro pode ser reproduzida sob quaisquer meios existentes sem autorização por escrito do editor.

Diretor editorial: **PEDRO ALMEIDA**
Coordenação editorial: **CARLA SACRATO**
Preparação: **FERNANDA BELO**
Revisão: **CÉLIA REGINA** e **GABRIELA DE AVILA**
Capa: **RENATO KLISMAN | SAAVEDRA EDIÇÕES**
Diagramação: **CRISTIANE | SAAVEDRA EDIÇÕES**

Dados Internacionais de Catalogação na Publicação (CIP)
Angélica Ilacqua CRB-8/7057

Bell, Rob,
   Tudo, absolutamente tudo, é espiritual / Rob Bell ; tradução de Carlos Szlak. — 1. ed. — São Paulo: Faro Editorial, 2021.
   208 p.

   ISBN 978-65-86041-76-7
   Título original: Everything is spiritual

1. Espiritualidade 2. Ciência e religião I. Título II. Szlak, Carlos

21-0867   CDD 204

Índice para catálogo sistemático:
1. Espiritualidade

1ª edição brasileira: 2021
Direitos de edição em língua portuguesa, para o Brasil, adquiridos por **FARO EDITORIAL**

Avenida Andrômeda, 885 – Sala 310
Alphaville – Barueri – SP – Brasil
CEP: 06473-000
WWW.FAROEDITORIAL.COM.BR

*Pense nos grandes movimentos que você já fez,
de uma única célula a um ser humano.
Mantenha-se ágil e siga em frente.*

RUMI

Minha avó guardava o dinheiro no sutiã.

EU PEDIA A ELA VINTE DÓLARES, E ELA ENFIAVA A MÃO NO BOJO, tirava algumas notas e perguntava:

— Tudo bem uma de dez e duas de cinco?

Em meados dos anos 80, quando eu estava no ensino médio, costumava visitá-la na fazenda dela. Morávamos no subúrbio de Lansing, capital de Michigan, situada no centro do estado. Eu dirigia o nosso Oldsmobile até a zona rural e parava na entrada da garagem da sua antiga casa de fazenda, cercada por celeiros, pastagens e campos. Então, Gunner, o cachorro, dava uma volta ao redor do carro e fazia xixi nos quatro pneus. Minha avó costumava preparar o jantar e depois nos sentávamos na varanda, em cadeiras de vime.

Lembro-me do vento que soprava pelos campos e movia os carrilhões pendurados nos beirais da varanda. Às vezes, conversávamos; outras, ficávamos sentados em silêncio por longos períodos. Eu estava naquele intervalo de tempo entre ser menino e ser homem, tentando entender quem eu era e para onde estava indo, cercado por todos os dramas e insanidades do colégio.

Tudo ao meu redor era classificado. Havia os melhores alunos, os melhores atletas e os garotos mais descolados, que eram convidados para as festas. Para onde quer que eu olhasse, havia alguém melhor. Alguém mais inteligente, alguém mais rápido, alguém mais sintonizado com os códigos ambíguos que separavam quem os entendia dos outros. Vivia com a angústia permanente de que estava meio passo atrás, acossado por algumas perguntas:

Tenho o que é preciso? Algum dia encontrarei o meu lugar? Sou bom o suficiente?

Mas então eu me sentava ali, em uma daquelas cadeiras de vime, e essas dúvidas desapareciam temporariamente. Ficava ouvindo o vento e, naquele lugar, tudo parecia bem, mesmo que não estivesse.

Em um sublime estado de graça, sentia a ausência de palavras ali na varanda, em que a presença do outro comunicava um mundo de verdade sem a necessidade de palavras.

Às vezes, minha avó me contava sobre o grande amor de sua vida: seu primeiro marido, Preston, pai do meu pai. Na Segunda Guerra Mundial, Preston serviu em um porta-aviões no Oceano Pacífico. No dia em que voltou da guerra, ele entrou em casa, cumprimentou sua família, deixou suas malas e saiu de casa para encontrar um emprego, para o qual ele foi logo pela manhã seguinte. As histórias que minha avó contava sobre Preston eram como aquela: cheias de ação e propósito. Não era um homem que ficava sentado esperando as coisas acontecerem. Ele ficou com câncer durante a guerra e morreu aos trinta e quatro anos.

Segundo meu pai, ninguém contou a ele nem ao seu irmão, Douglas, a gravidade da doença do pai deles. Certo dia, o tio do meu pai apareceu e disse que precisava levá-lo a um lugar. Meu pai se sentou no banco traseiro do carro, viu seu primo ao seu lado e perguntou:

— Para onde estamos indo?

— Seu pai morreu. Estamos indo para a funerária — o primo respondeu.

Quando chegaram à funerária, disseram ao meu pai que ele não podia chorar porque todos estavam felizes de o pai dele estar no céu naquele momento.

Na época, meu pai tinha oito anos e Douglas, seis.

Aos dezessete anos, meu pai se envolveu em um acidente junto com meu tio. Douglas ficou gravemente ferido, e o resgate veio atendê-lo. Antes de a ambulância sair para o hospital, minha avó embarcou com meu tio, deixando meu pai no local. Na manhã seguinte, ele ficou sabendo que o irmão tinha morrido. No enterro, disseram ao meu pai para ele não derramar nenhuma lágrima, porque estavam felizes de Douglas estar no céu.

Eileen era o nome da minha avó e Rob o do meu pai. Desde muito jovem, eu podia sentir a história entre eles. Era de amor, sim. De lealdade, com certeza. Mas também existia uma melancolia persistente, um pesar silencioso que pairava entre os dois. Na cultura de onde vinham, as pessoas não falavam dos seus sofrimentos. As principais mensagens assimiladas eram mais no sentido de *seja bom, siga em frente, cumpra as regras* e *confie que tudo isso é algum tipo de plano divino.*

Assim eles fizeram.

Juntos, haviam sofrido uma perda indescritível, que os unira, mas era uma união marcada para sempre por essa perda.

Assimilei todo aquele pesar silencioso flutuando entre minha avó e meu pai, e desde muito jovem só queria fazê-los rir.

É disso que me lembro. Que eu fazia minha avó rir. Fazia meu pai rir. Se conseguisse fazê-los dar risada até chorarem de rir, sabia que tinha feito algo bom.

Eileen acabou se casando de novo, mais ou menos na época em que meus pais se casaram. Seu novo marido era fazendeiro.

Ele era um homem bom, mas não muito presente. Ele já desistira havia muito tempo.

Eileen e eu ficávamos sentados naquela varanda e ouvíamos o vento, enquanto ele ficava sentado em sua cadeira dentro da casa, vendo televisão.

Ali ela ficava, naquela fazenda, com um homem que passava a maior parte de seus dias sentado numa cadeira.

E então eu aparecia, irrompendo com toda a minha angústia, dor, curiosidade e risadas naquela casa de fazenda silenciosa, naquele casamento sem vida. Eu via o que estava acontecendo ali, o que éramos um para o outro.

Eileen não era uma pessoa efusiva, mas eu sabia que ela acreditava em mim. Eu precisava daquilo. Ela não se estendia a respeito; era uma convicção silenciosa. Mas eu sabia.

Quando eu tinha vinte e um anos, ensinava esqui aquático em um acampamento no norte de Wisconsin. Nas manhãs de domingo, a cerimônia da capela acontecia ao ar livre, em um bosque de pinheiros, para todos que trabalhavam ali. Numa semana, as pessoas que administravam o acampamento perguntaram se alguém queria dar a palestra no domingo seguinte. Eu me ofereci, sem que tivesse feito nada parecido antes. Mensagens, sermões, ensinamentos, palestras espirituais — tantas palavras diferentes. Aquilo era tudo novo para mim.

Ficava-se de pé na frente de um grupo de pessoas e dizia-se algo útil, inspirador ou profundo sobre Deus, sobre a vida e a morte e sobre como viver? Como se fazia isso? Por onde começava?

Ainda assim, dentro de mim, fiquei curioso: *Como seria tentar aquilo?*

Então o domingo chegou. Vesti uma camisa marrom estampada com peixes-espada e sandálias de camurça. Assim que me aproximei das pessoas sentadas em bancos feitos de troncos, descalcei as sandálias antes de começar a falar, porque tive a sensação de que o chão mudara sob meus pés e eu estava em solo sagrado; minha vida nunca mais seria a mesma.

Foi claro assim.

Foi assustador e emocionante, e senti como se estivesse voltando para casa. E eu adorei. Instantaneamente.

Como se tudo na minha vida até aquele momento tivesse me levado *àquilo*.

Ao longo dos anos, eu ouvi mensagens, ensinamentos e sermões proferidos por algumas pessoas. Em geral, não os achava convincentes. Mas aquilo, aquela COISA DE PALESTRA ESPIRITUAL que tinha chegado por acaso, era teatro de guerrilha, arte performática, reunião de reabilitação, poesia e retórica subversivas, tudo ao mesmo tempo. Fiquei fascinado.

Isso é o que vou fazer da minha vida, decidi.

Alguns anos depois, minha avó e eu acabamos morando perto um do outro, e começamos a almoçar juntos toda sexta-feira. Fizemos isso nos últimos dez anos da vida dela. Ela estava ali quando comecei meu primeiro trabalho como pastor, ouvindo minhas primeiras palestras. Aquela forma de arte me fazia querer explorá-la e expandi-la para lugares novos, e eu me joguei nela, com minha avó em algum lugar da plateia.

Eileen testemunhou muitas daquelas primeiras bombas. Todas aquelas explosões frenéticas e as tentativas de voo para inspirar as pessoas. O lança-chamas. A pilha gigante de sujeira. A vez em que eu cheguei com um monte de bichos para apresentar uma ideia sobre alguma coisa, e eles começaram a defecar por todo o palco. A vez em que me vesti de xerife para exemplificar algo, mas não expliquei direito o motivo do traje, tanto que no final do sermão alguém na plateia perguntou:

— Por que você está usando esta roupa?

Senti-me muito humilhado. Parado ali em cima enquanto suava naquele uniforme castanho-claro que pinicava, sentindo vergonha do fracasso e me perguntando: *Quem eu acho que sou para fazer isso? Estou perdendo meu tempo?*

Eileen viu tudo.

Não sei quanto minha avó entendia do que eu estava tentando fazer, mas ela aparecia sempre que eu palestrava. Mesmo quando ela parou de dirigir, sua amiga Helene, de noventa e dois anos, que ainda dirigia, a trazia.

Ela se sentava ali e irradiava alegria.

Meu pai tem pouquíssimas memórias positivas de Preston, seu pai, de quando este ainda era vivo. Ele se lembra de uma carta que Preston enviou aos pais dele, seus avós, reclamando do comportamento dos filhos. Ele se lembra de um homem que agia como se os filhos fossem uma perturbação na sua vida.

Contudo, Eileen idolatrava Preston. Ela me disse:

— Ele era bom demais para esse mundo. Por isso foi levado tão jovem.

Essa era sua explicação para a morte prematura do marido.

E então ali estava eu, bem no meio desses dois, dando aquelas palestras. E rindo.

As perdas deles me moldaram. Nunca conheci Preston ou Douglas, e ainda assim eles estiveram presentes na minha vida desde o início. A *ausência* deles foi uma espécie de *presença*.

Aquela presença na ausência treinou meus ouvidos para o sofrimento e os paradoxos da vida. Independentemente da fórmula, da explicação ou da garantia que alguém estivesse dando, sempre senti que as coisas eram mais complicadas do que aquilo, mais tênues, mais misteriosas. Eu me pergunto quanto disso resulta do trauma que Eileen e meu pai suportaram e que ainda circula no sangue familiar. Meu sangue. Intuitivamente, assimilei a fragilidade e o absurdo inerentes à experiência que todos estamos tendo aqui, e quão rápido ela pode se tornar sombria e trágica e oprimir o coração. Estava cercado de amor e apoio, mas sabia, a partir da história da qual eu fazia parte, que tudo aquilo podia ser tirado em um instante.

Por mais sólida que a vida possa parecer, ela também é muito frágil.

E então minha mulher, Kristen, e eu tivemos nosso primeiro filho. Nós o batizamos de Robert Holmes Bell Terceiro e o chamamos de Trace – numa referência a *três*. Na maternidade, teve o momento em que apresentamos nosso filho ao meu pai.

Senhor Robert, conheça Robert Terceiro. Naquele momento, consegui sentir as gerações, como algo que é contínuo, como se eu fosse parte de uma grande corrente que se estende muito além de mim.

Eu ficava sentado ali durante horas ao lado do berço, olhando para ele, sentindo muito amor por aquele bebezinho que não fazia quase nada. É inebriante esse amor que flui em um único sentido. Ele não precisava fazer nada e eu ficava completamente hipnotizado. Tinha a sensação, enquanto o via dormir durante todas aquelas horas, de que ele estava ali para me ensinar alguma coisa.

Depois, quando nosso segundo filho nasce, em abril de 2000, há o momento em que apresento ao meu pai o seu neto mais novo:

— Pai, este é *Preston Douglas Bell*.

Vi o rosto do meu pai quando disse esses dois nomes juntos: *Preston Douglas...* Seu pai, seu irmão, todo o passado, toda a perda, de repente presentes, bem ali, naquele quarto de maternidade.

Quis tudo ali de volta, naquele quarto, ao ver a expressão do meu pai quando eu disse esses nomes. Era como se tudo estivesse retornando ao princípio, aquelas diversas gerações de almas, todas se misturando e interagindo.

Todas as noites, os pais de Eileen perguntavam quando ela ia dormir:

— O que você fez hoje para ganhar seu sustento?

Eu tinha ouvido essa história ao longo dos anos, mas era somente isto: uma história. Até que comecei a lutar. Eu tinha aquele motor que não conseguia desligar, aquela energia insaciável que me pressionava e me impulsionava para muito além do que eu poderia lidar de forma sustentável. Trabalho, trabalho, trabalho. *O que quer que você faça, siga em frente, fique um passo à frente da dor.*

Em meu primeiro trabalho como pastor, uma das minhas responsabilidades era celebrar casamentos. Em um sábado, realizei três cerimônias para três casais, em locais distintos. Penso nisso agora e dou risada. Quando o segundo casal perguntou sobre aquela data específica, em vez de eu dizer:

— Sinto muito, vou celebrar um casamento nesse dia. — Eu disse: — Para que horas vocês estão pensando?

Essa história resume bem como eu não sabia recuar, não conseguia dar um tempo, não sabia desligar o motor. Eu apenas continuava, me pressionando implacavelmente. Assumindo cada vez mais compromissos. Dava aula na quarta-feira à noite, e outra no sábado à noite. E depois outra no domingo de manhã. E muitas vezes mais uma no domingo à noite. Fiz isso durante anos. Como se estivesse tentando ganhar algo que continuava inatingível.

Afinal, eu desabei. Esgotei-me emocionalmente. Estava exausto. Acabei deitado em posição fetal no chão do meu escritório, entorpecido, me perguntando por que tudo tinha dado errado.

Passei a procurar respostas. E foi nessa busca que comecei a vislumbrar aquela história maior que se desenrolava por várias gerações.

Lembrei-me dos pais de Eileen que lhe perguntavam:

— O que você fez hoje para ganhar seu sustento?

Percebi a falta de graça geracional. Existia amor, sim. Mas também uma necessidade esmagadora de provar, ganhar e realizar.

O que você faz com a dor de viver? Continue se movendo, continue realizando, continue se esforçando. O que quer que você faça, não seja preguiçoso. Não leve na flauta. E, aconteça o que acontecer, fique um passo à frente da dor. Reprima a dor. Controle-a.

Meu pai costumava me dizer:

— Você pode encontrar muitas pessoas mais inteligentes do que eu, mas nunca vai encontrar alguém que trabalhe mais.

Quando eu era criança, aquilo parecia muito impressionante. Meu pai já era grandioso para mim, e palavras como aquelas o faziam parecer ainda mais.

No entanto, quando as coisas começaram a desandar para mim e voltei ao cerne daquelas mensagens que assimilara ao longo dos anos, passei a enxergar o que mais estava à espreita ali dentro. Era como se esta mensagem tivesse ficado gravada nas minhas células: *O que quer que você faça, siga em frente, porque, se você desacelerar e realmente sentir tudo, quem sabe aonde isso pode levá-lo?*

Com a ajuda de diversos guias, por muitos anos, comecei a vislumbrar uma nova forma de ser, enraizada numa verdade duradoura: *Não há nada a ser provado.*

Vejo essa corrente de almas, de geração em geração; vejo o que me foi entregue; vejo o que posso assentar. Vejo o que não preciso mais carregar.

Todos os dias noto o quanto estou aprendendo com meus filhos. Amá-los enquanto eles encontram o próprio caminho no mundo é me ver encontrando o meu. Eu *me* vejo *neles*, e quão bela e refinada foi toda aquela angústia e exploração. Eles me ajudam a abraçar cada pedacinho da minha história. Vejo que tudo fazia parte. Toda aquela curiosidade e perambulação. Eles me mostram que estava tudo bem, mesmo quando não estava.

Encontrei um antigo recorte de jornal que nunca tinha visto. É um artigo sobre Eileen que relata suas viagens no início dos anos 60 para palestrar sobre nutrição e bens de consumo para diversos grupos. Ela dava entrevistas e falava em emissoras de rádio.

Eileen? Como mãe-solo, ela desenvolveu uma carreira como palestrante itinerante nos anos 60? Ela nunca tinha me dito nada. O que mais eu perdi?

Eileen e eu nascemos com cinquenta anos de diferença. De sua mãe para minha filha, existe um intervalo de tempo que cobriria desde o fim do século XIX até o início do século XXII.

Preston morreu vinte anos antes de eu nascer, o que aconteceu cinquenta anos antes de nosso Preston nascer.

Lembro-me de ter visitado Eileen em 22 de agosto de 2008. Sabia que ela estava perto do fim, mas não estava preparado para o que senti quando eu e Kristen entramos no quarto dela. Ela estava na cama, mas não estava lá. Estava presente, respirando longa e lentamente, mas a parte que a constituía estava ausente. Como se ela já tivesse partido. Fiquei petrificado. Você sabe que alguém que você ama vai morrer, mas então chega o dia e nada o prepara para *aquilo*.

Fiquei parado, sem saber o que fazer. Kristen caminhou direto para a cama de Eileen, sentou-se ao lado dela, segurou sua mão e, em seguida, inclinou-se sobre o coração dela, dizendo da maneira mais calma possível:

— Estamos aqui e podemos ver que você está nos deixando; queremos que você saiba quanto a amamos e como foram incríveis esses anos com você, e agora estamos deixando você ir...

Foi comovente. Eileen morreu algumas horas depois, no dia do meu aniversário.

Fiz o discurso fúnebre no funeral dela. Depois nos reunimos nas sepulturas da família Bell, na cidade de Williamston. Deixamos flores cair sobre o caixão depois que ele foi baixado na terra. Oramos. Maxine, a irmã de Eileen, estava sentada na primeira fila, murmurando sem parar:

— Tínhamos tantos segredos, tantos segredos...

Tínhamos?

O serviço fúnebre acaba. Enquanto todos voltam para os carros, sobramos meu pai e eu, parados um ao lado do outro, acima da cova aberta. Por um tempo, ele permaneceu em silêncio, em seguida virou-se para mim e disse:

— Há algumas coisas que quero contar para você sobre o que aconteceu quando meu pai e meu irmão morreram.

Eu sabia.

Eu sabia que havia mais alguma coisa.

Um pouco depois disso, ele reuniu a família e pegou uma pilha de fotos que eu nunca tinha visto. Fotos dele com o pai, fotos dele com o irmão. Meu pai descreveu em detalhes como foi ter ficado no local enquanto a ambulância se afastava. Ao longo dos anos, eu tinha ouvido fragmentos da história, mas nunca relatados por ele, e nunca a história inteira. Meu pai reviveu ali as poucas memórias que tinha do meu avô. Ele nos mostrou uma foto dele e de Douglas em um barco no rio perto da casa deles.

Terminou e então disse:

— Agora não há mais segredos.

Olhou para todos nós. Fez uma pausa. E depois começou a chorar. Foi a primeira vez que vi meu pai chorar.

Nesse momento, ele se tornou um milagre para mim.

Percebi como teria sido fácil para ele seguir outro caminho. O desespero dele. A desesperança. Como a dor poderia tê-lo despedaçado.

Mas não despedaçou. Ele direcionou tudo aquilo na propulsão nuclear de trabalhar, para alcançar e servir o bem maior de ser o pai, para mim e meus irmãos, Ruth e Jon, que ele nunca teve.

Ao testemunhar suas lágrimas pela primeira vez, percebi como a ordem, a estrutura, o sucesso, o esforço, a lei — meu pai foi juiz por quarenta e quatro anos —, a religião, as regras e todas as outras coisas que às vezes me irritavam tinham-no ajudado. Percebi quanto significavam para ele, como moldaram e direcionaram a sua vida. Percebi o precipício que ele estava determinado a escalar para dele sair. Percebi de onde tinha vindo a intensidade absoluta de toda aquela produção. Tive uma noção mais ampla da grandeza daquela história da qual faço parte, conforme ela se desenrolou ao longo dos anos.

Ali meu coração se partiu, no bom sentido. Há algo milagroso em tudo aquilo que caiu sobre mim. Não apenas meu pai e o caminho que ele seguiu, mas a minha própria existência.

Estou aqui. Que fato maravilhoso. Estamos todos aqui. Que fenômeno espantoso.

E aquela casa de fazenda em cuja varanda Eileen e eu costumávamos nos sentar em minhas visitas? É a mesma em que meus pais estavam morando *quando fui concebido*.

E então minha filha, Violet, cujo nome do meio é *Eileen*, está comigo na Starbucks pouco antes de eu começar a escrever este livro, e, quando pedem seu nome para incluí-lo no pedido, ela diz:

— Eileen.

Eu conto tudo isso sobre o lugar de onde vim, de quem venho, porque você é como eu.

VIEMOS DE ALGUM LUGAR. VIEMOS DE ALGUÉM. DE ALGUNS *CORPOS*. Nascemos dentro de algo que já está em movimento. Como numa peça de teatro na qual entramos, no meio do segundo ato, tropeçando ao subir ao palco. Uma criança é como uma página em branco? *Não*. Nossa vida está preenchida desde o começo com história, drama, amor, feridas, tragédia e esperança. Sou misterioso o suficiente para mim mesmo, e muito mais para aqueles de quem venho, muito mais para todas as pessoas a quem estou sempre encontrando com as próprias esperanças, medos, histórias e mistérios, muito mais para essa rocha flutuante em forma de bola que chamamos de lar, e que se move pelo espaço a quase 108 mil quilômetros por hora.

Há algo infinito em tudo isso. Nunca paramos de aprender sobre quem somos e como fomos moldados pelas pessoas e pelos lugares de onde viemos. Nosso coração, nossa mente e

nossas memórias são infinitamente exploráveis; há mais do que o suficiente para descobrirmos em nosso tempo de vida. E isso apenas em relação a nós mesmos. Se formos além de nós, para o mundo que nos cerca, é espantoso...

Todas as galáxias do universo se afastam de todas as outras galáxias do universo porque tudo está se expandindo há treze bilhões de anos. *O quê?* Nossa galáxia, a Via Láctea, essa que chamamos de lar, está viajando a cerca de 805 mil quilômetros por hora? Por quê? Para onde ela vai? E, ao que tudo indica, o Sol vai se extinguir em cerca de cinco bilhões de anos. Então isso não vai durar para sempre? Tem um... *fim?*

O tempo, agora se sabe, é na verdade uma ilusão persistente. O que entendemos como passado, presente e futuro existe em um tipo de *agora eterno*. O quê? E cada um de nós é constituído de muitos bilhões de átomos, porque tudo, em todo lugar, é constituído de átomos. E os átomos não são realmente coisas ou matéria, são mais como relações de energia ou nuvens de possibilidades que são compostas principalmente de espaço vazio. Oi?

Que fenômeno surpreendente é esse, esta vida em que nos encontramos.

Claro que temos muitas perguntas. Claro que é fácil nos sentirmos perdidos e perplexos. Claro que quando vemos a foto de um buraco negro pela primeira vez só conseguimos dizer *uau. O que mais se pode dizer de algo nunca visto antes?*

Claro que queremos saber se existe algum sentido nisso. Claro que o mundo tem significado para nós quando descobrimos que outra pessoa sente o que sentimos. Claro que sentimos pavor, alegria, esperança e desespero; às vezes tudo no mesmo dia. Claro que sentimos que há mais coisas acontecendo aqui.

Desde jovem, eu tive essa sensação, essa convicção de que há mais coisas acontecendo aqui, de que o mundo não é um lugar frio e morto, mas uma realidade dinâmica muito mais interessante e misteriosa do que já nos foi dito.

Este livro trata *dessa* sensação. Tentei ouvi-la, confiar nela e segui-la: essa consciência de que tudo está ligado a todo o resto, de que tudo importa, de que tudo está indo em direção a algum lugar. Essa sensação me levou a lugares que eu nunca poderia ter imaginado, lugares onde o pessoal e o cósmico se conectam, onde vislumbrei como o que é mais íntimo também é universal, o que é mais particular para mim também é comum a todos.

Não sabia que a minha vida poderia ser assim; que poderia ficar mais atraente, mais significativa, mais misteriosa, mais surpreendente, mais fascinante ano após ano.

Essa experiência que estamos tendo aqui é como um convite interminável, e podemos dizer sim muitas e muitas vezes. E, ao fazer isso, são abertas novas profundidades, novas ligações e novas possibilidades que nunca poderíamos ter imaginado...

Cresci em uma fazenda. Mais ou menos.

QUANDO EU TINHA CINCO ANOS, MUDAMOS PARA UMA CASA DE FAZENDA da virada do século XIX para o XX, em um terreno de 40 mil metros quadrados cercado por bairros suburbanos. Tínhamos um celeiro, um silo, um galinheiro, 28 mil metros quadrados de campos de alfafa, 12 mil metros quadrados de relva, cinquenta cerejeiras e cinquenta macieiras. A certa altura, alimentávamos dezessete gatos junto à porta dos fundos. Tínhamos um trator John Deere. Às vezes, eu ia para o treino de futebol e depois voltava para casa para pegar feno. Fazia aula de piano e sabia como operar um engate de três pontos em uma colheitadeira. Não possuíamos vacas, galinhas ou cavalos, mas eu tinha rampas de bicicross no celeiro.

Tínhamos um porta-pedras.

Um porta-pedras é um grande trenó de metal rebocado por um trator. Uma pessoa dirige enquanto outras ficam no trenó,

pegando pedras do solo e colocando-as no porta-pedras, para que no momento de arar o campo menos pedras atrapalhem a velocidade do arado. Era exaustivo e estranhamente hipnótico percorrer aqueles campos no trenó, enfiando as mãos no solo, agarrando bem as pedras, erguendo-as para fora da terra e colocando-as no porta-pedras.

Lembro-me do cheiro daquele solo de Michigan, do jeito como as pedras arranhavam as palmas das mãos, dos ratos do campo que corriam para sair da frente dos pneus do trator, do sol se pondo enquanto descíamos a encosta do campo dos fundos.

Jogávamos hóquei no lago do outro lado da estrada. O gelo daquele lago fazia um som singular quando rachava, e meu amigo Ray caía através dele. Ele saía da água, voltava para a superfície de gelo e continuava jogando com as calças congeladas.

Tínhamos um cachorro chamado California Sunshine. Eu amava aquele cão. Amava tanto que usava uma camiseta amarela todos os dias com um *patch* escrito "Eu amo meu cachorro". Certo dia, na quarta série, cheguei em casa da escola e meus pais estavam esperando por mim e pela minha irmã, Ruth. Eles nos disseram que California Sunshine fora atropelado por um carro e tinha morrido. Nós caminhamos para o campo dos fundos onde meu pai cavara um buraco. Sunshine jazia ali, sem vida. Choramos durante algum tempo e depois o enterramos. *Aquele som da pá jogando a terra em cima do corpo dele* foi o som mais triste que já tinha ouvido.

Quando eu tinha sete anos, meus pais compraram uma cabana de cinquenta e cinco metros quadrados na Península Superior de Michigan, cinco horas ao norte de onde morávamos. A cabana, que não tinha telefone nem televisão, ficava junto a um lago no meio de 1,2 mil hectares de floresta nacional. Passávamos a maior parte de todos os verões naquela cabana, andando descalços, nadando, caçando sapos e correndo pela floresta. O lugar era muito remoto para receber um caminhão de lixo — o supermercado mais próximo ficava a quarenta e cinco minutos de distância —, então as pessoas que ficavam ao redor do lago cavaram um grande buraco na floresta. Jogávamos nosso lixo nele e, de vez em quando, era colocado fogo no buraco.

O buraco era chamado de Lixão.

Às vezes, à noite, logo depois de escurecer, íamos de carro até o Lixão e ficávamos ali, ao lado daquele grande buraco, em silêncio, esperando e torcendo para um urso aparecer e vasculhar o lixo.

Era algo que acontecia com frequência. Ficávamos sentados ali, em nossa perua Chevrolet Caprice Classic 1982 marrom, com um urso a apenas alguns metros de distância, dando o nosso melhor para não fazer barulho. Paralisados, cheios de adrenalina, em uma mistura de medo e fascinação.

E havia a água. Eu adorava a água. Aos oito anos, comecei a praticar esqui aquático e, ao catorze, aprendi a deslizar descalço sobre a água. O barco se desloca muito rápido e você desliza sobre a água sem os esquis. Foi uma experiência única para o meu crescimento. Nada competia com aquela sensação. O barco fazia uma curva fechada e eu deixava que o impulso da curva me levasse para fora da esteira de água. Disseram-me que era possível dobrar a velocidade do barco se se fizesse o movimento correto. Meus pés deslizando pela superfície da água a mais de oitenta quilômetros por hora me levavam para algum lugar além das palavras.

Areia, solo, água, árvores, cachorros, pedras, ursos, florestas, fardos de feno, meus pés deslizando pela superfície do lago: cresci com uma sensação visceral de conexão com a terra.

OS LUGARES E ESPAÇOS DE ONDE VENHO ME MOLDARAM, COMO SE ME dissessem de diversas maneiras que eu fazia parte daquilo. Parte

da terra. Parte de tudo. Como se compartilhássemos algo. Como se aqueles elementos estivessem vivos e tivessem algo a dizer.

Tive a sensação de que algo acontecia ali, naquela coisa, naquela matéria, naquela concretude que se pode segurar, cutucar, carregar e sentir, que é do que são feitos os corpos, a terra, o ar, o sol e a água.

Até hoje, a água é o meio no qual tudo faz mais sentido para mim. Visto minha roupa de mergulho, carrego minha prancha pela areia e entro no mar perto de onde moramos, em Los Angeles. Ao remar, eu sinto sempre, sempre, sempre que tudo está começando de novo. O cheiro da parafina na prancha, o golfinho que acabou de passar, o som da crista de uma onda quebrando logo atrás de mim enquanto surfo. Aquele padrão orbital e rodopiante de energia me impulsionando pela superfície da terra. Não só nunca envelhece, mas também fica novo a cada vez.

Quando eu era criança, meus pais me levavam à igreja. Não achava muito inspiradora grande parte do que era dito, mas as histórias de Jesus mexiam comigo.

NAQUELAS HISTÓRIAS, O QUE MAIS ME IMPRESSIONAVA ERA COMO OS maiores mistérios se encontravam nas menores coisas. Uma mulher sova um pouco de massa de pão; uma festa precisa de mais vinho. Um homem enterra uma semente; as pedras gritam. O infinito que acontece em toda aquela terra, no trabalho duro e nas coisas da vida. Sangue, multidões, caminhos e amigos: nas histórias de Jesus se encontram a vida, a ação e o divino.

Não acho que eu tenha articulado dessa maneira quando criança; é provável que apenas tenha dito que senti que havia mais coisas acontecendo ali.

FOI POR ISSO QUE ADOREI AQUELAS HISTÓRIAS DE JESUS. PORQUE nelas sempre há mais coisas acontecendo.

Indícios de algo atemporal e universal em um pai que espera o retorno do filho para casa; sinais de algo infinito na dor de uma mulher que está doente e não consegue melhorar – isso conversou com a minha suspeita de que havia uma profundidade oculta em tudo. Grande parte do mundo em que eu habitava era um sistema fechado, reduzido àquilo que podia ser medido e entendido. O que se podia entender. O que podia ser captado. O que era prático. O que produzia resultados. O que era eficiente. O que se encaixava. Quão bem eu me saía na prova. Como eu media.

Porém, aquelas histórias escancaravam uma porta para outro lugar. Encontro muitas falhas naquela expressão específica de fé religiosa em que cresci; muita coisa que não considero muito convincente.

Para mim, o convincente é como aquelas imagens, parábolas, expressões e alusões me sensibilizaram, trabalhando subversivamente seu poder e sua magia em mim. Minha sensação de que havia uma energia, uma corrente, um pulso atravessando tudo aquilo foi validada e confirmada. Este lugar, o aqui e o agora, é onde se encontra o fundamental, é onde se encontra a verdade. O mistério aparece em corpos. A ligação que eu sentia com a terra, a água e o solo era confiável; foi a mensagem que captei. Percebo agora que uma consciência estava se formando em mim de que tudo está vivo de uma forma sutil, profunda e duradoura.

A família do meu melhor amigo da escola tinha uma cabana perto da nossa.

PASSÁVAMOS JUNTOS BOA PARTE DOS NOSSOS VERÕES. ADORAVA estar com ele, mas tinha algo de errado com seu comportamento. Eu não sabia o que era, mas sabia que existia.

Certo dia, as pessoas de uma cabana vizinha chegaram em casa e descobriram que a mobília do deque fora despedaçada. Foi a grande notícia ao redor do lago. O rumor foi que o autor daquilo tinha usado um machado. Por horas, meu amigo e eu conversamos sobre o ocorrido, especulando sem parar sobre quem o teria provocado. Ele ficou muito animado com toda aquela suposição e discussão.

Um dia, então, o pai dele ligou para o meu para dizer que tinha internado meu amigo em uma instituição de cuidados prolongados para jovens com doenças mentais. E, sim, tinha sido ele quem usara um machado para destruir toda aquela mobília.

Ao saber daquilo, descobri um sentido. Todos aqueles momentos estranhos, todas as coisas inexplicáveis que ele disse e fez. Fez sentido, mas também não fez. Aquilo aconteceu com meu amigo? Fiquei com uma sensação preocupante e arrepiante de que qualquer coisa poderia acontecer a qualquer pessoa.

Em seguida, os pais de outro amigo meu se divorciaram. Aquilo não era tão incomum. Contudo, os detalhes me arrasaram. Enquanto o pai carregava a mudança para o carro, meu amigo, no gramado na frente da casa, implorava para ele não ir. Mala após mala, caixa após caixa, meu amigo suplicava para o pai não entrar no carro. Até que ele entrou e partiu.

Essas experiências que tive quando criança me fizeram sentir como se tudo estivesse aflitivamente frouxo e descontrolado, impregnado de uma liberdade cujo significado era que qualquer coisa poderia acontecer a qualquer um, como se o mundo pudesse fazer o que quisesse, com quem e quando quisesse.

O mesmo acontece com as pessoas. Somos livres para fazer o que quisermos. Amar, odiar, construir, destruir. Podemos ficar ou podemos entrar no carro e ir embora.

O mundo está livre para ser um mundo. Está livre para ser belo e seguro, e está livre para partir seu coração de mil maneiras. Livre assim.

Jantávamos em família quase toda noite. Conversávamos direto durante toda a refeição. Ao redor da mesa, partia-se do princípio de que todos tinham algo a dizer e os demais estavam interessados.

Perguntávamos ao meu pai como tinha sido o dia dele. Como juiz, ele passava a maior parte do tempo em uma sala de tribunal ouvindo casos, falando com jurados, reunindo-se com advogados. Ele sempre tinha histórias para contar. Quando eu estava com nove anos, ele presidiu um julgamento de homicídio em que uma mulher havia esfaqueado o namorado até a morte, cortando-lhe o pênis na ação. Aquilo me impressionou. Os casos dele costumavam ser veiculados na mídia. Às vezes, segurança extra era dada ao meu pai se houvesse um número de ameaças de morte maior do que o normal contra ele. Certa vez, minha mãe acompanhou um julgamento de homicídio no tribunal dele e depois nos contou como foi ter ouvido o júri decidir pela *pena de morte* e, então, ver todo mundo no tribunal engasgar.

Escutar aquelas histórias no jantar e com frequência ler a respeito delas no jornal no dia seguinte incutiu em mim a realidade do mal. Meu pai não dava muita importância, pois era suficiente para ele apenas nos contar o que aquela pessoa que estava diante dele no julgamento daquele dia havia feito. Essa liberdade que todos temos de fazer o que quisermos, de agir de muitas formas, pode levar a atos indescritivelmente terríveis. Foi uma assimilação clara para mim.

Nunca entendi *o motivo pelo qual* as questões que envolvem o sofrimento e o mal são tão interessantes. Ainda não entendo. *Por que coisas ruins acontecem a pessoas boas? Por que aquela pessoa*

teve câncer? Por que aquele terremoto matou aquelas pessoas? Esse tipo de pergunta nunca prendeu minha atenção por muito tempo.

Acredito que essa falta de interesse esteja relacionada com as perdas sofridas pelo meu pai, quando seu irmão e seu pai se foram. Desde cedo, soube que algumas pessoas estavam faltando. Desde a juventude do *meu* pai, da *nossa* vida. Aquela presença na ausência de Preston e Douglas era real. Eu podia sentir aquilo. E nunca haveria respostas ou explicações. Ficou claro para mim que há uma aleatoriedade entrelaçada com o tecido da vida, uma incerteza fervilhando logo abaixo da superfície, que muitas vezes não tem razão. Fosse o que fosse, simplesmente aconteceu.

Para mim, também ficou claro que meu pai tinha decidido ser o pai que ele nunca teve. E Ruth, Jon e eu éramos os destinatários daquele amor e daquela determinação.

O *porquê* não era tão interessante para mim, mas sim *o quê* — *o que* ele fez em resposta àquilo, *o que* aconteceu depois daquilo, *o que* aquelas perdas significaram. As perguntas com *o quê* eram fascinantes para mim. Algo terrível aconteceu: *agora o quê? O que vai resultar disso? O que vai acontecer em resposta a isso? O que vai nascer dessa dor e perda?* Essas perguntas me cativaram. E ainda me cativam.

Quando eu estava no ensino médio, meus pais tinham uma amiga cujo marido decidira não continuar mais casado com ela. Ela costumava ir à nossa casa e conversar com meus pais. Eu a via estacionar na rua, sair do carro e começar a subir o caminho da entrada. A trinta metros de distância, dava para perceber quão triste ela estava. Ela se sentava na poltrona de nossa sala de estar e meus pais no sofá. Ela falava e eles ouviam. Isso durava horas. Depois, ela se levantava, abraçava-os e ia embora. Algumas semanas depois, voltava.

Ela se tornou um símbolo para mim, um sinal de como a vida pode mudar rapidamente. Você ama uma pessoa e um dia ela decide que ama outra, então, você está sozinho.

Eu ficava admirado em ver meus pais sentados com ela por tanto tempo e com tanta frequência. Não parecia que eles estavam consertando alguma coisa, mas ela continuava voltando.

Algo acontecia naquele ritual deles. A dor dela, o amor deles. A desolação dela, a disponibilidade deles. A conversa dela, a escuta deles.

A corporalidade daquilo, os corpos na sala, a maneira como meus pais estavam presentes com ela. Algo infinito ali se mostrava no ato de apenas sentar e escutar. Aquilo falava comigo sobre o mistério que nasce entre os corpos.

Frequentávamos um serviço religioso na igreja e eu ouvia palavras importantes e grandiosas sobre Deus, o céu, o julgamento e a salvação, e tudo parecia um pouco vago para mim, como conceitos abstratos que se pode pegar ou largar.

Porém, estar disponível por alguém em sofrimento, aquilo era concreto. Eu podia ver, sentir, agarrar aquilo.

É pessoal. É o que se estabeleceu em mim. Uma convicção de que, quem quer que seja Deus, independentemente de tudo, ou, para dizer de outra forma, o que é *supremo* na vida, deve ser pessoal. Pessoal e *aqui*, neste lugar. Agora. Conosco. O que envolve a terra, o toque, sofás. E a dor, a solidariedade, a escuta, a união, a presença.

Interessante, não é? Quanto das sementes da pessoa que nos tornamos é plantado desde cedo em nossa vida?

E então eu vi a Midnight Oil.

MEU AMIGO DAVE ME COMPROU UM INGRESSO. ESTÁVAMOS NO SEGUN-do ano da faculdade, em Chicago, e a banda australiana Midnight Oil estava tocando no Aragon Ballroom para divulgar *Diesel and Dust*, seu álbum recém-lançado. As luzes se apagaram, o público urrou e fomos atingidos por uma parede sonora. Peter Garrett, o vocalista, é muito alto e totalmente careca. No instante em que a banda entrou em ação, ele começou a dançar e eu fiquei estupefato.

Nunca tinha visto nada parecido. Peter Garrett ocupava o palco como se fosse o dono dele. Era muito intenso.

Garrett se sacudia, flutuava, contorcia-se, gesticulava. Aquela banda era feroz. Eu fiquei hipnotizado.

Cantava músicas sobre os direitos indígenas, a cobiça empresarial, a exploração da terra e a incapacidade dos governos de proteger os vulneráveis.

O trabalho era justo, colérico e apaixonado. Já tinha visto um pouco daquilo antes; já tinha visto pessoas lutando por uma causa; já tinha visto pessoas se levantando contra injustiças.

Mas aquilo era diferente. A Midnight Oil fazia aquilo com *alegria*. Nunca tinha visto essas coisas juntas assim antes: resistência *e* alegria; desafio *e* euforia; subversão *e* celebração.

O grupo estava nomeando toda a violência e injustiça que praticamos uns contra os outros e contra a Terra, mas, em vez de ser um desvio abrasivo, como se estivéssemos sendo objeto de uma reprimenda ou de um sermão, era inebriante.

Já tinha ouvido discursos de culpa antes. Tinha ouvido palestrantes, orientadores, professores e líderes religiosos trabalhando freneticamente, procurando propor às pessoas que fizessem mais, tentassem mais, se importassem mais, trabalhassem mais. Numa época, tive um técnico de futebol que saía com a lambreta de um dos jogadores e nos fazia correr atrás

dele. Por quilômetros. E, se alguém estivesse ficando para trás, ele ia *mais rápido.*

As crianças vomitavam, debruçavam-se arfantes, e ele gritava conosco que não éramos esforçados o suficiente.

Eu já tinha visto pessoas praticando todo tipo de manipulação para tentar motivar e inspirar.

No entanto, aquilo que a Midnight Oil estava fazendo — as músicas que tocava, o coquetel poderoso de alegria e resistência subversiva, a paixão ligada a uma causa, todo o barulho dando voz aos que não a têm — me comoveu, me atraiu, me deu vontade de fazer mais, saber mais, ser mais. Despertou em mim o desejo de doar minha existência a algo maior do que a minha própria vida. Havia algo de convidativo naquilo, como se a paixão e o foco da banda tivessem essa tendência sutilmente implícita, que me falava que eu conseguiria encontrar o meu caminho e me entregar a ele, fosse o que fosse, como eles se entregavam...

Naquela época, Dave e nossos amigos Toby e Steve estavam montando uma banda. Encontraram um baterista a quem chamaram de Hawg. Eles compuseram músicas excelentes, mas não tinham letras para elas nem um cantor. Depois, fizeram audições para encontrar um vocalista para a banda. Um jovem apareceu para a audição, aproximou-se do microfone, afastou seu longo cabelo loiro do rosto, mas, quando chegou a hora de cantar, não conseguiu inventar nenhuma letra para as músicas.

Nada a dizer? Ele tinha aquela oportunidade incrível. Literalmente, estava com o microfone na mão, mas não encontrou nada para cantar. Fiquei pasmo.

Eu também estava sendo desagradável, todo relaxado no canto, assistindo àquelas audições. Claro que eu não tinha experiência em fazer nada do tipo, mas aquilo não me impedia de ser um crítico contundente.

A certa altura, alguém sugeriu que eu tentasse cantar. Não sei de quem foi a ideia, provavelmente minha, mas suspeito que meus amigos quisessem que eu tentasse, apenas para acabar com a aflição deles.

Rabisquei páginas de letras, aproximei-me do microfone e saiu uma torrente de canto / canção/ rap/ rima/ falação/ narrativa/ bobagem estridente que estranhamente *funcionou*. Todos nós nos entreolhamos quando a primeira canção acabou e sorrimos, hesitantes, como se nos perguntássemos: *O que foi isso?* Porque definitivamente foi *algo*.

Naquele momento, a banda Ton Bundle nasceu. Continuamos compondo canções, fazendo shows e gravando EPS, além de um álbum. Escrevi letras que fariam o público cantar conosco. Estava convencido de que seríamos a próxima grande banda. Falava sobre isso o tempo todo, como iríamos *conseguir*. Aquela era a palavra que eu repetia várias vezes para quem quisesse ouvir. *Conseguir*. Era tudo o que queria fazer.

Eu nunca tinha experimentado nada parecido. A sensação de criar algo, de pegar o que estava acontecendo dentro de mim e ao meu redor e dar palavras àquilo, e depois compartilhar com as pessoas. Isso me fez sentir como se eu pudesse realmente contribuir com algo para o mundo.

E os shows eram como uma fogueira tribal, com todos aqueles jovens amontoados em espaços apertados, pressionando os corpos uns contra os outros. Meu trabalho era atrair todo mundo, para ajudar todos a se sentirem parte daquilo. Alcançar até o fundo da plateia e nos conectar. Mover toda aquela energia pelo espaço. Ajudar as pessoas a se sentirem como se fossem uma.

Havia algo terrivelmente vulnerável naquilo, que eu amava e achava inebriante. Entrávamos no palco e eu me aproximava do microfone, observando todo aquele público que nos olhava quando a primeira música começava. Aqueles shows exigiam

um comprometimento inabalável. Era como pular de um penhasco. Você salta e não pode olhar para trás. Se não der tudo de si, alguém percebe. Estávamos hipersintonizados com as energias; sabíamos quando alguém estava se contendo. Quando estava com medo. Quando não estava dando tudo de si.

Havia aqueles shows chamados Cool Aids: seis ou sete bandas punk tocando sucessivamente em um porão; e o dinheiro arrecadado era doado a instituições beneficentes. (Porque é cool — legal — ajudar.) Em um show, nós entramos e a banda começou a tocar. Eu pulei e chutei o teto. Naquela época, eu conseguia fazer espacates, um movimento acrobático comum no repertório de um vocalista — as placas do teto se quebraram e uma quantidade de gesso e poeira se espalhou pelo público.

Foi maravilhoso. E era uma representação de como eu via o mundo. Porque, qualquer ideia que tivéssemos, poderíamos tentar realizar. Alguém dava uma sugestão e todos ríamos de como ela soava absurda. Pouco depois, ríamos um pouco menos ao pensar: *Bem, por que não? Devíamos pelo menos tentar...*

Aquilo foi revolucionário para mim.

Boa parte da vida parece ser decidida por outros. Você vai à aula e o professor diz quais são as tarefas e quando serão as provas. Você consegue um emprego e alguém lhe diz o que fazer. Para onde quer que eu olhasse, havia uma figura de autoridade apontando para um mapa, uma lista de regras ou um manual, lembrando-me de como as coisas deveriam ser feitas.

No entanto, naquela banda, podíamos inventar algo e então fazê-lo, independentemente do que fosse. Tínhamos um amigo chamado Charlie, que estava fazendo enormes pinturas a óleo com monstros de língua gigante e olhos esbugalhados. Nossa amiga Claris era uma autêntica cantora de ópera. Greg começou a usar macacões sem camisa por baixo e liderava uma banda *cover* de música country. Ian, meu colega de quarto, estava gravando álbuns de techno em nosso apartamento. Theo,

Kristofer e Dan tinham uma banda chamada The Gadflys, cujas músicas continuam na minha cabeça até hoje. Essas eram as pessoas que me cercavam, fazendo coisas constantemente e compartilhando-as com o mundo ao nosso redor.

Em nosso último ano na faculdade, revestimos as paredes do porão da nossa casa com uma espuma que encontramos ao lado da estrada, e depois a pintamos com spray em um tom profundo de vermelho. Era o nosso espaço de ensaio. Nós o chamamos de Barriga.

Na Barriga, tudo era possível. Éramos livres para engendrar novos mundos, tão absurdos, bizarros e sinceros quanto poderíamos imaginar. E não precisávamos de permissão. Nem de aprovação. Tínhamos uma ideia e trabalhávamos para torná-la real.

As canções duravam apenas quatro minutos, mas me ensinavam como funciona a criação. Não tínhamos que esperar para ver o que acontecia. Podíamos criar o acontecimento. Fazíamos algo e depois o compartilhávamos. Todos nós sentíamos aquela conexão, como se estivéssemos envolvidos em algo maior do que nós.

Toda aquela criação e toda aquela conexão. Que dádiva estar naquela banda.

Arranjamos um empresário no outono do nosso último ano de faculdade. Ele nos conseguiu diversos shows nas melhores casas noturnas de Chicago. Estávamos no caminho.

Então, numa sexta-feira à noite, senti dor de cabeça. Tomei uma aspirina. A dor de cabeça piorou. Meus amigos saíram, mas eu fiquei em casa, deitado no sofá com aquela dor. No meio da noite, ainda não tinha conseguido dormir, a dor estava cada vez pior. Eu me sentei no chão do banheiro do andar de baixo e me perguntei se estava morrendo. Quando o sol nasceu, pedi ao Ian para me levar ao hospital. Fizeram diversos exames e, em seguida, um neurologista se apresentou e me disse que eu tinha meningite viral. Ele explicou que o fluido ao redor do cérebro estava infeccionado e inchado, pressionando o cérebro contra as paredes do crânio.

Então era isso. Até hoje, todas as pessoas que conheci que tiveram meningite viral disseram a mesma coisa: *você acha que vai morrer.*

Precisei ficar no hospital por um tempo, o que significou que a Ton Bundle teve que cancelar os shows marcados. Fiquei arrasado. Não só pelos shows, mas também pela consciência crescente de que estaria tudo acabado. O cancelamento dos shows me trouxe a sensação agourenta de que a banda iria acabar. Eu sabia. A formatura estava se aproximando, o que significava empregos, futuros e novas responsabilidades. Raramente as bandas de faculdade sobrevivem a essas pressões.

Fiquei deitado naquela cama de hospital completamente perdido. Repetia aquelas duas palavras para ninguém em particular: *E agora?*

Percebo agora que aquelas duas palavras formavam uma prece. *E agora?* De uma forma visceral, a prece é nomear o que importa para você. E agora? era o que importava para mim. Tinha toda a energia, a paixão e o desejo de me entregar a alguma coisa e, naquele momento, não tinha nada. E agora?

Era uma pergunta angustiante. Um apelo completo e desesperado. Era colérico, impotente e honesto.

Eu não tinha um plano B. Não tirei boas notas na faculdade e não possuía um currículo. Havia criado uma empresa de pintura chamada Skinny Boy Painting, que administrava nos verões. E por empresa quero dizer *eu*. Eu era o único funcionário. Não me via fazendo aquilo depois.

E agora? foi tudo que consegui reunir.

É no fim de nós mesmos que novos futuros se abrem.

NOSSOS PLANOS DESANDAM. NOSSA FORÇA NÃO É SUFICIENTE. NOSSA perspicácia nos abandona. *E agora?* É universal. Você grita isso e está se juntando a uma longa fila de almas de todas as eras. Ouvi pessoas perguntarem sobre preces. *Deus ouve nossas preces? A prece funciona? E se você rezar e não tiver uma resposta?*

Nunca achei essas perguntas muito interessantes. Parecia que transformavam o grande mistério em uma máquina de venda automática. Diga ou faça a coisa certa; peça a coisa certa; assim, você conseguirá o que quer. Esse tipo de coisa.

Mas a prece *E agora?* foi a que me mudou.

Havia um mundo de confusão, desejo e frustração preso em meu peito, e aquela prece *E agora?* trouxe tudo à tona. Deu uma linguagem àquele buraco negro de desespero. Eu estava com raiva porque a única coisa que realmente me fez sentir como se tivesse algo único para contribuir estava sendo tirada de mim, e não havia nada a ser feito.

Aquela prece entregou toda a raiva, a dor e os pêsames. Fiquei dia após dia na cama do hospital imaginando o que eu faria da minha vida. Repetindo aquelas duas palavras.

Recuperei-me e voltei para a faculdade, mas a prece permaneceu comigo. Aos poucos, transformou-se de grito angustiado e amargo a uma pergunta, uma busca, uma linha de investigação.

À medida que a emoção arrefecia, a curiosidade emergia. *E agora?* Era como se essas duas palavras se transformassem na pergunta que sempre constituíram.

Comecei a prestar atenção à minha vida de novas maneiras. Comecei a procurar por pistas e direção. Comecei a ouvir mais.

Certo dia, uma garota com quem eu tinha falado talvez duas vezes me disse:

— Você já pensou em ser pastor?

Eu ri. *Na verdade, não.* Pastor? Eu tinha visto alguns pastores. Aquilo não era para mim. Então, algo semelhante aconteceu de novo, com outra pessoa me perguntando se eu tinha pensado em ser pastor. Começou a ficar estranho. A ideia de me tornar um não desaparecia. Tive a sensação de que havia mais coisas acontecendo ali. Existe um trabalho no qual você ajuda as pessoas a se conectarem com aquele algo mais? Eu tinha uma imagem na cabeça do que era ser um pastor e sabia que não poderia fazer aquilo. Mas poderia ser eu mesmo e tentar. Soou como algo ao qual eu poderia me entregar.

A curiosidade é subestimada.

SOB VÁRIOS ASPECTOS, É O MOTOR DA VIDA. VOCÊ RECEBE PERGUNTAS e elas não vão embora. E assim você as segue e se propõe a respondê-las. E consegue as respostas. E aquelas respostas, é claro, levam a novas perguntas. E assim por diante.

Há uma humildade embutida na curiosidade.

VOCÊ NÃO SABE, MAS ESSE É O SEU PONTO DE PARTIDA. VOCÊ ESTÁ vindo de um lugar de abertura, movido pela convicção de que há algo a mais, algo além de você, algo maior por aí.

A curiosidade é um antídoto contra o desespero.

O DESESPERO É UMA DOENÇA ESPIRITUAL QUE FAZ ACREDITAR QUE O amanhã será apenas uma repetição do hoje. Nada de novo. O futuro é simplesmente uma sequência ininterrupta do hoje, um dia depois do outro. No entanto, a curiosidade interrompe o desespero, insistindo que o amanhã não será assim. A curiosidade sussurra:

Você está apenas começando...

EU NÃO QUERIA LEVAR MINHA VIDA ME PERGUNTANDO *E SE...?*. TINHA visto pessoas fazerem isso. Elas tinham alguma coisa que as levava a uma direção específica, mas não a seguiram. Não correram o risco. Não ouviram seu coração. E anos depois se sentiram presas, perguntando-se em que ponto tudo tinha dado errado. Eu não queria viver assim. Queria saber *E se eu tentasse isso?*.

O nome da minha mãe é Helen, e ela cresceu no sul da Califórnia.

O PAI DELA, NEIL, NASCEU E FOI CRIADO NA DINAMARCA, VEIO PARA os Estados Unidos quando tinha dezenove anos e acabou se estabelecendo em Los Angeles. Ele nunca mais voltou para a Dinamarca, nem mesmo para uma visita, e nunca mais viu os pais depois de partir. Casou-se com a minha avó Ruth, artista que morava à beira-mar em Los Angeles. Ele a chamava de Weefie. O irmão dela morreu aos quatro anos, a mãe morreu quando Weefie tinha quinze, e, quando conheceu Neil, ela morava com o pai e cuidava dele. Weefie tinha um sorriso maravilhoso. Com mais de oitenta anos, ela conseguia iluminar qualquer lugar com aquele sorriso.

A cada dois anos, no Natal, íamos à Califórnia para visitar Neil e Ruth e o resto da família da minha mãe. Eu adorava aquelas viagens. A maneira como o sol brilhava por entre as palmeiras no final da tarde, as curvas da estrada 110, o mar, a neve do Monte Wilson. Eu não me cansava de Los Angeles. Ficava extasiado. Eu era de outro lugar, mas parecia que eu pertencia a Los Angeles.

Íamos à loja de sapatos Van Doren, na avenida Colorado, para Ruth e eu comprarmos novos pares de tênis Vans. Aquela loja era a meca dos calçados para mim. E o cheiro, *aquele cheiro*. O cheiro especial de borracha das solas. A loja inteira cheirava assim. Tirar o par de tênis da caixa e sentir o cheiro. Manter a caixa para que pudesse abri-la em Michigan, sentir o cheiro mais uma vez e ser transportado de volta para a loja. Era prazeroso.

Ninguém onde eu morava usava Vans. Usei aqueles tênis todos os dias durante anos, esperando que durassem até a hora de voltar para a Califórnia.

Voltávamos para Michigan e eu ia ao shopping Meridian, onde lia as edições mais recentes da revista *Surfer*, que ficavam na prateleira dos fundos da livraria Community Newscenter. Eu folheava as páginas como se fossem um portal para outro mundo, como se estivesse vendo através de um véu. Todas aquelas fotos de água e ondas. Eu passava horas nos fundos da livraria, sentado no chão, com as revistas espalhadas ao meu redor. Não conseguia tirar a Califórnia da cabeça.

Algumas coisas conversam conosco e nunca mais param. Saudade, lugares, desejos, questões sobre o que nossa vida poderia ser, para onde ela poderia ir e quem poderíamos nos tornar. Elas surgem dentro de nós e ficam por ali, às vezes de maneira tranquila e paciente, outras puxando nossa manga com insistência, exigindo uma audição adequada. Foi o que aconteceu comigo. A ideia de ser pastor não desaparecia, e significava que eu precisava de mais estudo. Por isso me candidatei a um seminário e fui aprovado. Claro que ficava na Califórnia.

Mas antes fui para Wisconsin para ensinar esqui aquático durante o verão...

Um dia, estava sentado no anfiteatro do seminário, ouvindo um conceituado estudioso britânico falar sobre um assunto muito importante. Então, ele fez uma pausa e disse: algarismo romano quatro. Em seguida, continuou falando.

ESPERA AÍ... O QUÊ? ALGARISMO ROMANO *QUATRO*? TINHA TIDO TRÊS outros algarismos romanos antes desse? Ele estava fazendo um esboço? Percorri minhas anotações, procurando a estrutura, tentando descobrir como essa próxima parte se relacionava com a anterior.

Aquele professor era lendário. Ele escrevera sua própria teologia sistemática, o que naquele mundo era uma grande coisa. Imagine uma fileira de livros de capa dura, grossos, ocupando cerca de sessenta centímetros de uma estante, todos falando de *Deus*. Página após página, arranjadas e organizadas em tópicos, pontos e subpontos. Milhares de páginas explicando as maiores ideias que se possa imaginar. Todas escritas por ele.

Era sério e muito impressionante, e, com certeza, tínhamos acabado a parte do algarismo romano três. Estávamos passando para a parte do algarismo romano quatro, mas não fiquei tão afetado. Aquelas ideias, aqueles esclarecimentos, toda a estrutura e a ordem — ele, sem dúvida, era brilhante, e eu estava aprendendo muito, mas havia algo um pouco sem vida naquilo.

Lembrava um pouco uma borboleta. Você pode capturar uma e fixar suas asas para estudar as cores, a forma e o desenho. No entanto, o momento em que ela fica imóvel e você consegue fazer as observações mais precisas e detalhadas é quando a borboleta não pode mais voar.

NESSA ÉPOCA, EU ESTAVA TRABALHANDO COM ALUNOS DO ENSINO médio, e ajudava um grupo de jovens em uma igreja. Os pais de um deles estavam se divorciando e ele me perguntou se poderia morar comigo por um tempo. Seu nome era Matthew, ele dirigia um Jeep Willys antigo e usava um chapéu de caubói de palha. Eu preparava seu café da manhã e me certificava de que ele tinha tudo de que precisava para o dia na escola. Jantávamos à noite e conversávamos sobre o que tínhamos feito e quem tínhamos visto naquele dia. Éramos nós dois naquele apartamento. Eu tinha vinte e dois anos e ele dezesseis. Era afetuoso aquilo, como se fôssemos nós dois contra o mundo.

Havia um grande evento acontecendo na igreja naquele tempo, e eu era o responsável por organizar a reunião de sábado de manhã para os alunos. Quando eles chegaram, eu os reuni e lhes disse que iríamos dar uma volta pelo bairro. Aquilo era incomum para eles, porque aquela igreja em particular era cercada por bairros muito diferentes daqueles onde eles moravam. A igreja se situava a apenas alguns quarteirões, mas era outro mundo. Disse-lhes que iríamos bater à porta das casas e perguntar às pessoas se precisavam de alguma coisa.

Simples assim. E aqueles alunos estavam prontos.

Começamos. Eles chegaram à primeira porta. Uma mulher a abriu segurando um bebê no colo. Eles perguntaram se ela precisava de alguma coisa. Ela respondeu que sim, e disse que precisava de leite para o bebê. Explicou que estava misturando açúcar e água para alimentar a criança porque não tinha dinheiro para mais nada.

Os alunos ficaram chocados. Imediatamente começaram a ver quanto dinheiro tinham e a querer saber onde ficava o mercado mais próximo. Dividiram-se; uns foram até o mercado, alguns ficaram com a mãe, e outros foram até a próxima casa.

Fiquei na rua, sorrindo, sabendo que conversaríamos sobre aquele dia por um bom tempo.

Houve experiências reveladoras e eufóricas como aquela, mas também pesadelos pelos quais passamos juntos. Um dos alunos perdeu a mãe. Certa manhã, ela estava na entrada da garagem pegando o jornal quando dois homens passaram correndo depois de terem roubado a casa do vizinho. Quando eles perceberam que ela tinha dado uma boa olhada neles, atiraram nela e a mataram. O marido a encontrou ali na entrada da garagem e, em seguida, teve que acordar cada um dos filhos para contar que a mãe deles havia morrido. Nos dias seguintes, aquele aluno e eu passamos horas andando de carro por Los Angeles, processando o que havia acontecido. Ele ficou no assento do passageiro da frente. Ele falava e eu escutava. Às vezes, apenas ouvíamos música durante o percurso, porque não havia mais nada a dizer.

Me mover entre aqueles dois ambientes tão distintos estava mexendo comigo. Em um, eu estava fazendo um trabalho acadêmico para obter um mestrado em teologia. Ouvia palestras, escrevia artigos, aprendia grego e hebraico e estudava mapas do mundo antigo. Em outro, passava incontáveis horas com aqueles alunos, andando de carro, frequentando quintais, visitando suas escolas e dando longas caminhadas por bairros até então inexplorados.

O trabalho acadêmico tinha uma dimensão estática, como se estivéssemos estudando à distância, analisando, esmiuçando, fazendo distinções a respeito de distinções. Naquele mundo, ganhei pontos pela precisão e pela minha capacidade de análise, exegese e síntese. Fui recompensado por conseguir fixar a borboleta muito bem.

No entanto, com aqueles alunos, tudo era deslocamento e movimento. Eles tinham alegrias, sofrimentos e dúvidas, e queriam que eu participasse daquilo com eles. A vida com os alunos parecia um convite interminável à participação. Como se algo maior do que nós estivesse acontecendo. E como alguém não gostaria de fazer parte daquilo?

Durante aquele tempo, meu entendimento de Deus estava mudando sutilmente. Eu tinha crescido com uma visão mais estática de um ser divino que existe em outro lugar e intervém neste mundo de vez em quando. Aquele entendimento estava desaparecendo, sendo substituído por algo mais dinâmico, vibrante e vivo. Algo menos algures e mais no aqui e agora. Menos sobre fixar e muito mais sobre voar.

E então Kristen Childress apareceu em Los Angeles.

EU A CONHECIA HAVIA QUATRO ANOS. NÓS NOS CONHECEMOS NA NOSsa primeira semana de faculdade. Ela é do Arizona e me disse que cresceu praticando esqui aquático. Fiquei impressionado. Viramos amigos, embora eu sempre me sentisse um pouco intimidado por ela. Kristen se portava com elegância e dignidade, o que me fazia sentir como se ela estivesse muito fora do meu alcance. Ela tinha uma presença assentada e tranquila, como se soubesse quem era, e não fosse facilmente influenciada pelo que todo mundo estava fazendo.

Durante quatro anos, fomos apenas amigos. E então Kristen me telefonou para dizer que estava se mudando para Los Angeles para fazer uma pós-graduação. Não muito depois disso, ela se mudou para perto de mim, e nós nos apaixonamos. Há tanta coisa aí que nem sei por onde começar. Como se põe em palavras o ato de se apaixonar? Era como voltar para casa. Era como encontrar a minha outra metade. Mesmo essas imagens são insuficientes para descrever.

Há uma sensação latente quando se ouvem algumas músicas clássicas: a de que elas sempre existiram e, de alguma forma, os compositores as descobriram. Foi assim. Como essa coisa — essa energia, essa troca, esse vaivém —, o encantamento entre nós sempre existiu, e estávamos apenas começando a percebê-lo. Sempre foi assim, novo em folha e, ao mesmo tempo, tão antigo quanto o mundo.

Num sábado, estávamos conversando sobre o que íamos fazer. Preparar o jantar e ficar em casa? Ir ver o pôr do sol em Malibu? Dar um passeio pela Melrose? Lembro-me de discutirmos todas aquelas opções e percebermos no meio da conversa que nada daquilo realmente importava. Eu estava com Kristen e tudo ficaria bem, independentemente do que fizéssemos. Aquela compreensão foi grandiosa para mim. Eram apenas planos para uma noite de sábado comum, mas aquela discussão sintetizou nossa vida juntos. Ficaríamos bem, independentemente do que atravessasse nosso caminho ou do que se passasse. Ficaríamos bem juntos.

Tínhamos a crença de que tudo não passava de uma aventura, e que tínhamos encontrado alguém com quem dividi-la...

Havia algo incógnito em seu amor por mim, que levei um tempo para entender. Kristen me amava exatamente como eu era. Ela não tinha listas nem exigências. Não dizia nada no sentido de que eu precisava fazer para melhorar. No início, foi enervante.

Eu estava tão acostumado com o inevitável "mas": Você é amado, *mas o que você precisa fazer para melhorar é...* Você é amado, mas *deve se esforçar mais...* Você é amado, mas *se você simplesmente fizesse mais...* Era assim que o mundo funcionava, mas não com Kristen. Com ela, o "mas" nunca veio.

Havia um paradoxo gigante ali, escondido naquele amor. Kristen não exigia nada, mas isso me fez querer ser uma pessoa melhor. Ela me amava exatamente como eu era, o que gerou em mim um desejo enorme de viver à altura daquele amor.

Graça. Essa é uma palavra para isso. Kristen personificava a aceitação de mim como eu era, o que foi surpreendente e inexplicavelmente motivador.

Evangelho. Essa é outra palavra para isso. Evangelho é o anúncio divino de que você é amado e aceito exatamente como é, de que tudo já foi cuidado, de que tudo que você tem se esforçado para ganhar tem sido seu o tempo todo, de que você é bem-vindo, exatamente na condição em que você está agora, que nada adicional é exigido ou necessário.

Havia algo *semelhante ao Evangelho* naquele novo amor, algo com que eu estava aprendendo a lidar de novas maneiras. O meu coração mal podia aguentá-lo. O amor *dela*. Era como se fosse bom demais para ser verdade. Era um mistério para mim como Kristen tinha abandonado qualquer desejo de que eu fosse algo ou alguém diferente do que eu era, e como aquilo foi, paradoxalmente, o próprio catalisador que me fez querer me entregar a ela e ao mundo com tudo o que eu tinha.

Como é que a renúncia a alguma coisa faz com que aquela mesma coisa seja muito mais provável de acontecer? Como não me obrigar a fazer mais nada gerou em mim um desejo nuclear de fazer mais?

Kristen era como um anúncio, uma pergunta, um paradoxo, uma ruptura divina ou um fenômeno.

Casado é uma palavra inadequada para isso; é mais como *ser pego por alguma coisa.*

No meu curso, eu estava estudando todas aquelas grandes ideias do Evangelho, de Jesus e da graça, mas era como olhar através de um microscópio ou ficar diante de um objeto usando um jaleco em comparação com o que eu estava experimentando com Kristen. Foi o paradoxo daquilo que ficou comigo, como se eu estivesse ouvindo um sussurro, que me avisava de forma serena que tudo funcionava de uma maneira muito diferente daquela que outras pessoas já me haviam dito.

No primeiro ano em que ficamos juntos, houve grandes incêndios florestais na Serra de San Gabriel, logo acima de onde morávamos. Podíamos ver as chamas e sentir o cheiro da fumaça. Certo entardecer, eu estava na igreja me preparando para o grupo de jovens daquela noite quando o pastor da juventude me puxou de lado. Ele daria a palestra em meu lugar e queria que eu abrisse as persianas da sala do andar superior em que nos reuníamos num dado momento da noite. Não pensei muito naquilo, supondo que ele quisesse transmitir alguma mensagem.

E transmitiu. Quando ele fez o gesto dramático de apontar para a janela que me informara, abri as persianas, e os alunos tiveram uma visão espetacular da montanha em chamas acima de nós. Então, ele começou a vociferar sobre o inferno, o sofrimento e o suplício eternos. Esbravejou que, se eles não se tornassem cristãos, se não acreditassem nas coisas certas e não fizessem as preces adequadas, aquelas chamas na montanha não seriam nada em comparação com o que experimentariam eternamente depois que morressem.

No fundo da sala, eu estava mortificado. Tremia de raiva, enquanto observava aqueles adolescentes registrarem tudo aquilo.

Eu era apenas um assistente de vinte e três anos de um grupo de jovens, com pouca experiência e sem nenhuma realização digna de nota. Além de um número pequeno de alunos do ensino médio, ninguém sabia — ou ninguém se importava em saber — o que eu tinha a dizer. Porém, uma convicção se formava em mim e ficaria mais forte com o passar dos anos. Se algum dia eu tivesse um microfone, se tivesse a chance de falar, seria sobre o Evangelho. Sem medo, sem culpa, sem vergonha, sem manipulação, sem listas do que alguém tem que fazer para conquistar o que já possui. Decidi fazer o possível para anunciar que as boas-novas são melhores do que isso, que somos amados o tempo todo e que tudo o que precisamos fazer é confiar que isso é realmente verdade, e viver de acordo.

Em minha nova vida com Kristen, eu estava experimentando aquela verdade, e aquilo fluía através do meu trabalho acadêmico e da minha vida com aqueles alunos. Tudo era o Evangelho: o anúncio alegre, contraintuitivo, perturbador, surpreendente e marcante do amor divino por todos, em todos os lugares. Uma pessoa pode ser assustada por um ou dois minutos, outra pode ser coagida a mudar seus hábitos por um breve período, o medo pode ser usado para realizar um grande número de coisas a curto prazo, mas eu jogaria um jogo diferente.

Desde que eu era jovem, ouvia aquelas histórias de Jesus, e elas me comoviam e repercutiam em mim, mas, naquele momento, estavam assumindo um novo peso na minha vida, como se não fossem apenas histórias, mas também um estilo de vida, uma forma de ver o mundo, mostrando-me algo presente na natureza elementar do universo. Se tivesse oportunidade, seria sobre aquilo que eu falaria.

Ed Dobson foi criado em Belfast, na Irlanda do Norte. Ele era baixo, tinha mãos enormes e falava lentamente com uma voz grave.

MEUS PAIS ME FALARAM DELE. ELES TINHAM SE MUDADO PARA GRAND Rapids, em Michigan, enquanto eu estava no seminário, e ficaram empolgados com o discurso de Ed. Assim, na vez seguinte em que os visitei, fui ver Ed por conta própria.

Na primeira vez em que o vi em sua igreja, Ed proferia um sermão, parado na frente do palco, com a ponta dos sapatos projetando-se para fora da borda, como se estivesse prestes a cair. Ele se comunicava de uma maneira um tanto hipnótica e totalmente irresistível. Ed apresentava uma ideia, depois contava uma história, depois fazia uma pergunta, depois gesticulava com suas mãos enormes.

Eu nunca tinha visto nada parecido. Olhei em volta. As pessoas estavam cativadas, inclinavam-se para a frente nos assentos e prestavam atenção em cada palavra dele.

Eu tinha que conhecê-lo.

Havia milhares de pessoas ali — aquilo era novo para mim, um público tão grande e tão energizado em um serviço religioso — e presumi que Ed estaria ocupado depois de proferir o sermão. De qualquer forma, fui procurá-lo e o encontrei em uma sala atrás do palco. Eu me apresentei e lhe dei um álbum do Ton Bundle, em fita cassete.

Ed entrou em contato comigo depois para dizer que havia adorado o álbum. Eu não esperava aquilo. Viramos amigos. E então ele se tornou meu mentor. Depois, ele me ofereceu meu primeiro emprego como pastor. Que oportunidade.

Mudamos da Califórnia para Grand Rapids, em Michigan. Para Kristen, foi como ter se mudado para outro planeta. Foram necessários anos para entendermos melhor a sensação de estranhamento dela. No meu entusiasmo, não dei àquela sensação o peso merecido. Eu adorava o meu novo emprego e ele abafou uma série de verdades sobre a nossa vida naquela época.

Era tudo novo, e aproveitei todas as oportunidades: enterros, casamentos, visitas a hospitais, visitas a prisões, pessoas em crise, pessoas que precisavam de alguém para acompanhá-las em seus traumas e suas tragédias, pessoas que faziam perguntas importantes sobre a vida e a morte e tudo no meio.

E, claro, palestras. Muitas palestras e muitos ensinamentos. Eu ia a qualquer lugar e falava com qualquer grupo de pessoas. Onde quer que me recebessem, eu aparecia com algo a dizer: salões, porões, capelas, escolas, equipes esportivas.

Era meados dos anos 90, no Meio-Oeste americano. Aquela igreja era a maior coisa existente em quilômetros. Milhares de pessoas, serviços religiosos durante a semana, congestionamentos na entrada e na saída do estacionamento. Aquela igreja era a *cena*.

E eu tinha que estar bem no meio dela, seguindo Ed; presente em reuniões com ele, fazendo perguntas, absorvendo tudo.

Eu adorava. Nunca sabia o que aconteceria em cada dia. Que emoção.

Aos poucos, comecei a notar um padrão. Eu o senti pela primeira vez na entrevista de emprego, meses antes de começar. Pediram-me para falar a respeito do meu *chamado para o ministério*. Eu já tinha ouvido aquela frase antes; era como os pastores descreviam o motivo pelo qual se tornaram pastores. Eles contavam uma história; uma espécie de narrativa sobrenatural a respeito de como Deus tinha dito a eles que era aquilo que deveriam fazer da vida. As pessoas que me entrevistaram queriam ouvir minha história sobre como eu sabia que aquilo era o que eu deveria fazer.

Mas eu não tinha uma para contar. Pelo menos não da maneira que esperavam. Pareceu um tanto presunçoso. E os que foram *chamados* e não eram bons o suficiente para ser pastores? Eu tinha visto e não queria fazer parte daquilo. E alegar que Deus pessoalmente tinha dito à pessoa para fazer algo? Achei loucura.

E os professores, as enfermeiras, os mecânicos de carros e as pessoas que constroem coisas? O que dizer do chamado deles?

Algumas pessoas são chamadas e outras não? Algumas pessoas fazem um tipo de trabalho especial e elevado, e todas as outras fazem o quê? Trabalho corriqueiro?

Eu tropeçara em um trabalho ao qual amava e estava correndo atrás dele com tudo o que possuía. Tinha uma grande curiosidade em explorar aquela forma específica de arte e me entregar a ela. Amor, curiosidade, paixão, significado, servir a alguma coisa maior do que eu, esperança; eu não precisava de nada mais do que isso, tampouco de uma história. Era um *chamado* suficiente para mim.

Foi apenas uma das perguntas na entrevista de emprego, e eu estava tão feliz por conseguir um trabalho em qualquer lugar que não refleti muito sobre isso. Porém, percebi que as crenças por trás daquela pergunta continuavam a aparecer em coisas que as pessoas me diziam. Alguém me contava uma história; uma história dolorosa, inspiradora e comovente sobre alguma coisa que importava para ela, à qual tinha sobrevivido, ou quanto amava alguém em sua vida. Eu ficava sentado na beira da cadeira, bastante comovido, e então a pessoa dizia: *Mas o que eu sei? Não sou um pastor. Sou apenas um corretor de seguros. Ou uma mãe. Ou uma professora. Ou um contador. Ou um pedreiro.* Algo assim.

Acontecia com frequência. Eu ficava de queixo caído, cheio de admiração e assombro com o que tinha acabado de ouvir. E a pessoa sentada na minha frente me dizia que não sabia de fato do que estava falando, que não era especialista em nada daquilo, que não era como se ela fosse um pastor ou algo assim...

Parecia que existia uma falha no sistema, como se houvesse uma divisão à espreita logo abaixo da superfície, aquela separação entre aqueles que tinham sido chamados e o restante. Começou com aquela pergunta, mas fui percebendo a divisão em todo lugar.

Eu sempre lia a Bíblia por causa das palestras que estava dando, e continuava tropeçando em coisas que nunca tinha visto antes. Havia estudado a Bíblia no seminário, em aula e por nota. Mas aquilo era diferente, era na natureza. Era uma leitura com foco em ter coisas a dizer e a ensinar a pessoas reais, em um lugar real. Sob vários aspectos, estava lendo a Bíblia pela primeira vez.

Constatei que não existia palavra para *espiritual* nas Escrituras Hebraicas (também chamado de Antigo Testamento), o que era bem básico e, no entanto, bastante revolucionário. Não existia palavra para *espiritual* porque chamar algo de espiritual implicaria dizer que as outras coisas *não o eram*.

Na Bíblia, tudo é espiritual. Tudo na vida.

Nunca é *só* um trabalho. Você nunca é *só* uma mãe ou *só* um pai. Nunca é *só* dinheiro. Nunca é *só* o seu corpo.

Nada está isolado; tudo está conectado.

Aquilo me surpreendeu e confirmou a minha crescente sensação de que as coisas eram bem menos separadas do que eu imaginara.

Tudo é espiritual: negócios, política, educação, arte, ciência, cuidar da terra, amparar os pobres, o que você come, aonde vai, sexo, música.

Na história de Moisés e da sarça ardente, vi como ele não tira as sandálias porque de repente o chão se torna sagrado. O chão sempre fora sagrado. A história é sobre Moisés tomando consciência disso.

Li a história no livro do Gênesis sobre Jacó despertar de um sonho e dizer:

— Com certeza, Deus esteve neste lugar e eu não sabia.

Jacó está acordando de um sonho, mas também em um sentido mais amplo: para a presença divina em tudo na vida.

Li em Salmos: *Do SENHOR é a terra e tudo o que nela existe.*

Repetidas vezes, insiste-se que a realidade não está dividida; ela é uma só. Tudo na vida está impregnado pela presença divina; tudo é sagrado. Constatei que a Bíblia não é um manual de como entrar no céu. A Bíblia é uma biblioteca de poemas, cartas e história sobre trazer o céu para a terra agora, sobre este mundo se tornar cada vez mais o lugar que deveria ser. Na Bíblia, há pouquíssimo sobre o que acontece depois que morremos. Não era isso que os autores focavam. Muitas vezes, o interesse deles está na maneira como este mundo está organizado.

Todos têm o suficiente?

As estruturas de poder são favoráveis aos vulneráveis? A violência foi abandonada ou está sendo mantida em circulação?

Li a passagem em que Abraão discute com Deus. E então li o trecho no qual Moisés discute com Deus. Depois li as preces em Salmos que contêm estes versículos: *Onde Você está? E por que Você esconde seu rosto de mim? E por que Você me abandonou?*

Pessoas que questionam Deus, duvidam Dele, discutem com Ele.

Isso era honesto, colérico e desafiador. Havia um vaivém aí, o divino e o humano, em uma conversa sem fim. Como num diálogo, numa luta livre ou numa dança.

Percebi como Jesus respondeu a quase todas as perguntas que Lhe fizeram com outra pergunta. *O que você acha? Como você lê isso? Como você interpreta isso? O que você diz sobre isso?*

Isso é o oposto de lavagem cerebral. É o oposto de *acredite e não faça perguntas.* Ele continua convidando as pessoas a pensar criticamente, a analisar, a questionar, a duvidar, a pôr à prova, a lutar. Assumir isso por elas mesmas. Encontrei este versículo no Novo Testamento, que adoro: *Examinem tudo.* É muito simples e, ainda assim, contém muita energia. A palavra *examinar* está no grego original também e pode ser traduzida como *acolher*. É essa ideia de acolher o bem onde quer que você o encontre, acomodá-lo e celebrá-lo. Isso me comunicou a existência de um rigor intelectual bem no coração da vida: você nunca aceita algo porque alguém disse que é verdade. Você examina, bisbilhota, cutuca, vê o significado disso no mundo. Como isso molda você. Aonde isso o leva.

Tudo estava ficando cada vez mais interessante.

CONSTATEI COMO TODO O FUNDAMENTO DO LIVRO DE LEVÍTICO É A graça. Os escravos foram libertados e receberam rituais para celebrar a liberdade recém-conquistada e, em seguida, organizar a vida em torno dela.

Constatei como, em hebraico, a palavra para *mandamento* é *mitzvot*, que pode ser mais bem traduzida como *encargo*. É como quando você encarrega alguém de uma tarefa importante. Não é algo que deveria fazer sob pena de ser punido, é mais como uma responsabilidade sagrada que fala ao seu eu mais profundo e verdadeiro.

Percebi como o nome de Deus fica mudando. Alguns usam uma palavra, um grupo outra, depois dão um terceiro nome — Elohim, Iavé, Adonai, Theos —, e a lista continua. Vi como cada um deles nasce de lutas e esperanças específicas daquele tempo e lugar, refletindo a economia, a política e a mudança de consciência. Entendi como temos tentado dar sentido às profundezas da vida e que tipo de universo é esse em que vivemos há milhares de anos. Esse pesquisar e responder, a descoberta, a discussão e a exploração eram muito mais vivas, muito mais fluidas, muito mais evolutivas do que eu imaginava. Eram muito mais como a vida realmente é: transpirada, perturbadora, enlouquecida, enganosa, assombrosa e inebriante.

A igreja em que eu estava trabalhando fez uma pesquisa para saber mais a respeito das pessoas que compareciam aos cultos. Uma das perguntas era sobre a importância que davam à *vida espiritual. O quê?*, pensei. *Vidas espirituais?* Que outro tipo de vida existe?

O que aquele sistema religioso específico no qual eu trabalhava fazia era sempre dividir sutilmente o mundo em duas esferas: a espiritual e a que reunia o resto da vida.

Como se o âmbito espiritual fosse uma dimensão da vida que algumas pessoas têm e outras não. Como se o espiritual fosse menos real do que as coisas da vida cotidiana, como dinheiro, corpos, crianças, casas e empregos. Como se o espiritual fosse sobre outro tempo e lugar, como quando você morre e deixa a terra. Como se algumas pessoas fossem espirituais e outras não.

A divisão era sutil, mas afetava tudo. E o que eu continuava lendo na Bíblia era história após história de pessoas cuja consciência crescia em termos da natureza conectada, sagrada e espiritual de tudo na vida.

A igreja queria me validar formalmente. Por isso os dirigentes organizaram uma cerimônia de ordenação em um domingo à noite. Antes disso, disseram-me que haveria uma sessão de um dia em que eu seria questionado sobre as minhas crenças e o meu conhecimento teológico.

Fiquei bastante curioso. *Perguntava-me o que seria isso.*

Cheguei naquela manhã e começaram a me questionar. Perguntas técnicas a respeito de teologia; perguntas hipotéticas a respeito dos livros da Bíblia. Uma pergunta foi sobre a distinção entre valor ontológico e a função ministerial. Esse tipo de pergunta.

A sessão continuou por horas.

No meio do caminho me ocorreu uma coisa: *nenhuma dessas perguntas foi a respeito da minha vida.* Não havia nenhuma do tipo: *Você já perdoou alguém que o tenha ofendido?* Ou *Quais são os seus medos?* Ou *Você é generoso?*

Nenhuma pergunta sobre como eu realmente levava minha vida. Mas teve uma assim:

— E se um arqueólogo descobrisse uma terceira carta aos Coríntios? O que deveríamos fazer?

Por mais interessante que aquela pergunta pudesse ser, naquele momento, em algum lugar dentro de mim, ela me pareceu muito distante das pessoas com que eu estava interagindo todos os dias.

Fui ordenado — uma validação pública do meu papel como líder religioso — sem nenhum debate acerca de eu absorver ou não as coisas que estava ensinando e falando.

Tinha dado respostas certas o suficiente, e sabia o suficiente a respeito das coisas certas, aquilo bastava.

Eram boas pessoas, eu gostava delas e sentia um grande respeito por elas. Mas o sistema do qual todos fazíamos parte tinha uma falha.

Isso dividiu o mundo. Esse espaço e depois outros espaços. O sagrado e depois o secular. Aquilo em que você acredita e depois como você realmente vive. O chamado e o não chamado. A vida espiritual e depois o resto da vida.

Ed, descobriu-se, tinha um segundo escritório.

HAVIA SEU ESCRITÓRIO DE SEMPRE, COM UMA FILEIRA DE JANELAS, uma escrivaninha, um sofá e algumas cadeiras. E havia uma porta naquele escritório que levava a outro. Ali não tinha janelas, mas uma mesa, uma poltrona e estantes de livros.

Aquele escritório era onde Ed estudava para seus sermões.

Era como um gabinete privado, uma sala secreta ou um refúgio sagrado, onde o líder entra e recebe a mensagem divina. Em seguida, ele a traz para fora e a entrega às pessoas.

E apenas Ed entrava ali.

Até que, certo dia, em meu terceiro ano de trabalho, ele me convidou para estudarmos juntos naquele escritório.

Eu estava dando um número cada vez maior de ensinamentos, muitas vezes intervindo nas ausências ocasionais de Ed. Então, ele decidiu que estudaríamos juntos e elaboraríamos sermões e palestras. Ele as proferiria em alguns cultos e eu em outros.

Era como ser convocado para a seleção nacional. Procurei manter a calma, mas estava muito empolgado.

Trabalhamos durante horas naquele sermão. Começamos com um versículo da Bíblia. Estudamos o contexto e as palavras específicas e, em seguida, encontramos conexões com outras ideias e outros textos. Lemos trechos de livros e discutimos o que significavam. Identificamos os principais pontos que queríamos defender. Aos poucos, um esboço emergiu. O que diríamos em primeiro lugar, em segundo, e o que diríamos depois.

É um ótimo começo, pensei. *Nós cobrimos os conceitos básicos.*

E, então, o que mais? Pude perceber que havia outro conjunto de perguntas suscitadas por aquelas ideias, perguntas perturbadoras, perguntas provocativas. *Se isso for verdade, então é preciso repensar isso... E, se isso for levado a sério, então as implicações para a vida de uma pessoa serão enormes...* Quanto mais longe eu ia, maior era o desenvolvimento. Uma pergunta levava a outra. Um insight apontava para outra descoberta. Isso está conectado com aquilo.

É o que acontece com um texto sagrado: você o lê e então ele lê você de volta, como um espelho. Você está lendo uma história que alguém contou ou uma carta que outra pessoa escreveu e, de repente, não é a respeito dela, mas a seu respeito. Aparecem possibilidades que você não considerou, uma sombra que não sabia que existia, algo a encontrar que não tinha percebido. Eu podia sentir um impulso crescendo, como se aquelas ideias estivessem me levando a algum lugar inesperado e irresistível.

Ed começou a empilhar suas anotações:

— Bem, este está pronto para ir — ele disse.

Espera aí. O quê? Já terminamos a preparação?

Ed tinha razão. Ele conhecia o nosso público, sabia onde as pessoas estavam, sabia o que as ajudaria. E o trabalho que realizamos era bom. O sermão se conectaria com as pessoas. Eu era capaz de visualizar aquilo. Então, sim, Ed tinha razão. Estava pronto para ir.

Mas eu estava só começando.

Aquele ensinamento tinha muito mais coisas abaixo da superfície. Muito mais perguntas, provocações, implicações...

Eu estava sentado ali, no escritório dentro do escritório, sabendo que Ed tinha razão, que aquele sermão estava pronto para ir, e sabendo também que eu ainda não tinha terminado. Que precisava continuar, precisava continuar investigando, precisava ir mais longe. Eu estava pensando naquele sermão, mas também na minha vida.

Viemos de comunidades.

AS COMUNIDADES DE ONDE VIEMOS COMPARTILHAM PRESSUPOSTOS comuns sobre o funcionamento do mundo e como a vida deve ser vivida. Famílias, escolas, esportes, bairros, cidades. Trabalho, religião, política, cosmovisão. Há proteção e segurança na comunidade: a sensação de pertencimento que sentimos, os rituais que nos prendem e nos centralizam àquelas pessoas naquele lugar. Existem as regras que mantêm as coisas funcionando bem; os códigos e os acordos tácitos que mantêm todos alinhados; as recompensas que validam nossos esforços e nos mantêm motivados. Há líderes comunitários e figuras de autoridade que nos lembram o que é e o que não é importante.

> E então existem aqueles momentos em que alguma coisa surge dentro de você. Uma coceira, uma dor, uma ideia, uma inquietação, um desejo por mais. Uma convicção de que existe mais para você e que não está ali. Você pode ignorar, negar, fingir que não existe. Mas, ao fazer isso, algo dentro de você morre.

POR QUE ALGUNS SEGUEM EM FRENTE E OUTROS FICAM ONDE ESTÃO? Por que alguns estão satisfeitos com o jeito que as coisas estão, enquanto outros têm um desejo implacável de mudança, crescimento e novas experiências? Por que alguns se acomodam e outros querem mais?

Jesus contou aos seus discípulos a história de um agricultor que plantava sementes, que caíam em diferentes tipos de solo. Algumas delas criavam raízes e cresciam, enquanto outras não. Ele não apresenta nenhuma explicação abrangente de por que as pessoas respondem de maneira diferente umas das outras. É como se Jesus estivesse dizendo:

— Nem eu entendo como funciona...

É essa a sensação quando você encontra uma pessoa que conheceu anos atrás e começa a conversar e, em poucos minutos, percebe que ela ainda está contando as mesmas histórias, ainda vê o mundo como antes. Você de repente se dá conta de que seguiu em frente e a pessoa *estacionou*.

Você ouviu algo e seguiu.

Às vezes é uma voz baixa, um sussurro, uma série de acontecimentos que parecem estar relacionados entre si, uma pergunta que não desaparece, uma aflição que se recusa a ceder, uma sensação de sufocamento, um desejo cada vez mais forte, uma incapacidade de continuar fingindo que acredita em algo, uma sensação interior de expansão e a impossibilidade de se encaixar como antes, o conhecimento de que um capítulo chegou ao fim ou a verdade de que, para ser você, é preciso seguir em frente...

Pode ser assustador e solitário não saber o que vem a seguir, quais serão os custos, como você vai decifrar isso ou como vai pagar as contas. Mas também pode ser eletrizante, pelas mesmas razões.

Aquele emprego com Ed foi um trabalho dos sonhos. Ele foi um ótimo mentor, deixando-me segui-lo e fazendo perguntas constantemente. Que presente ele me deu. Mas eu não podia ficar, tinha que seguir em frente. Pouco tempo depois, eu disse a Ed que estava indo embora para começar uma nova igreja.

Ele sorriu e disse:

— Já era hora.

O terapeuta se inclina, olha nos meus olhos e diz:
— Você tem corrido muito rápido,
muito forte, há muito tempo.

ISSO É NOVO PARA MIM; ESTOU SENTADO NO CONSULTÓRIO DE UM terapeuta, dizendo a ele como me sinto perdido, entorpecido, exausto, envergonhado e triste. É a parte "perdido" que está acabando comigo. Não consigo diferenciar cada coisa, nem sei por onde começar. Vou agarrar o que ele me oferecer. Estou desesperado.

Não devia ter sido assim.

Kristen, alguns amigos e eu havíamos começado uma igreja. Tínhamos muitas ideias que queríamos tentar implementar. Parecia um experimento artístico gigante. Um homem chamado Roger disse que podíamos alugar um prédio que ele acabara de construir por um dólar ao ano. Encomendamos algumas cadeiras plásticas para que as pessoas tivessem onde sentar. Meu amigo Kent formou uma banda para que houvesse algum som. A banda tinha aquela pegada crua do punk rock, meio faça você mesmo. Era uma igreja, mas parecia mais um acontecimento. Ou um movimento.

E foi crescendo. Milhares e milhares de pessoas. Alguém nos ofereceu um antigo shopping center. Contratamos funcionários: começamos com dez pessoas, depois vinte, depois trinta, depois setenta e cinco. Um especialista nesse tipo de coisa declarou que era a igreja de crescimento mais rápido na história dos Estados Unidos, o que é uma marca ridícula de se estabelecer, ou mesmo de ser digna de nota, mas só aumentou a sensação surreal do que experimentávamos.

Parecia que tinha acontecido de um dia para o outro. Eu fui de estagiário, assistente, novo cara na igreja anterior a pastor sênior daquela nova igreja, e isso em algumas semanas — literalmente, semanas. Eu tinha vinte e oito anos.

Eu entrava no escritório e havia uma grande pilha de recados para mim. Ia a uma reunião e saía com uma longa lista de coisas para fazer. O culto acabava e uma fila de pessoas me esperava querendo conversar. Eu ia ao mercado e era parado por alguém querendo me contar uma história de sua experiência na nossa nova igreja.

Era muito bom fazer parte de algo assim.

Eu estava lendo sobre o mundo judaico de Jesus e sobre como, no sistema rabínico do século I, alguém se tornava aluno de um rabino e aprendia a fazer o que via o rabino fazer. Um *aluno*. Aquilo ficou na minha cabeça. Aprendendo, crescendo, esperando ser surpreendido pelo que ainda estava por vir. Cheio de perguntas, assumindo que havia muito a aprender. E, para um aluno naquele mundo, não era apenas uma questão do que se sabia intelectualmente, mas de como se vivia aquilo, como se incorporava aquilo. Como aquilo se dava em relação à vida especificamente em sua carne, sangue, tempo e espaço. Aquela imagem de um aluno — faminto, curioso, aberto a novas ideias, novos costumes e novas formas — se apoderou de nós. Era como falávamos sobre quem éramos na nossa nova igreja: alunos. Todas aquelas pessoas se reunindo para aprender e crescer. A energia era fora do normal.

Certo domingo, ensinei a respeito da ressurreição como um estilo de vida, uma forma de orientar a existência para a generosidade, compaixão e esperança. Estávamos cada vez mais envolvidos em um projeto de microcrédito em um dos países mais pobres do mundo, concedendo empréstimos para que pessoas pudessem começar seus pequenos negócios; desse modo alimentariam suas famílias, mandariam os filhos para a escola e construiriam casas. No final do sermão, convidei as pessoas a doar qualquer quantidade de dinheiro que tivessem consigo para aquele projeto, como forma de praticar a ressurreição. *Vamos todos juntos dar às pessoas do outro lado do mundo*

algumas boas notícias hoje. Contamos as doações depois dos cultos; haviam doado 250 mil dólares.

E era assim. Um momento surpreendente atrás do outro. Tudo aquilo que estava acontecendo era o resultado de algumas ideias que agitaram minha cabeça e meu coração. E estava além de tudo o que eu poderia ter imaginado.

Para onde quer que eu olhasse, tinha alguma coisa estranha, interessante ou surpreendente acontecendo. Ou alguma crise. Ou algo não estava funcionando, deixando as pessoas frustradas. Eu mencionava um novo programa que estávamos começando e, na manhã seguinte, havia no escritório centenas de ligações de voluntários para participar. Ou uma pessoa tinha mais uma história para contar. Ou pedia algo.

O volume de tudo era gigantesco. E tudo o que eu sabia era dizer sim. Sim para mais compromissos, sim para mais trabalho, sim para mais pessoas. Estávamos crescendo e expandindo. Quem diria não àquilo?

Foi tudo muito empolgante, até não ser mais.

Novidade pura e adrenalina podem levá-lo muito longe pelo caminho. O combustível é muito poderoso no início. Mas com o tempo se esgota, quando tudo já não é tão novo como antes.

Estava sentado no consultório do terapeuta porque naquele fim de tarde Kristen me encontrara no meu escritório deitado no chão em posição fetal, incapaz de fazer qualquer coisa. Ela ficou bastante assustada, ligou para o terapeuta e me levou de carro ao seu consultório domiciliar naquela mesma noite.

Ela me contou depois que, enquanto dirigia, se perguntou: *Será que a nossa vida como a conhecemos acabou?*

Ainda naquela semana, tínhamos comemorado o quinto aniversário da nossa igreja. Havia balões, histórias, cantos e pessoas celebrando como sua vida fora mudada por meio da nossa igreja.

Eu não estava pronto para uma comemoração nem em condições para aquilo. Fiz o que pude para participar, mas tudo o que me vinha à cabeça era: *Se esse é o custo, não vale a pena.*

Eu me sentia como se tivesse sido engolido por um buraco negro gigante, como se não conseguisse enxergar nada, como se fosse incapaz de entender por que me sentia daquele jeito, por que estava tão morto por dentro. O nome do terapeuta era dr. B. e ele me ouviu durante algum tempo. Então, de maneira amável, gentil e firme, me informou que eu estava com raiva.

Eu? Raiva? De jeito nenhum. Não eu. Eu era conhecido pela alegria. No entanto, ele tinha certeza. *Não, você está com raiva.* Foi chocante demais ouvir aquilo. E era verdade. Eu sabia no meu íntimo. Eu estava com raiva. Com muita raiva.

E era isso.

Era como se existisse uma porta com a palavra RAIVA escrita nela, e o único caminho a seguir era abri-la e passar por ela. Eu estava apavorado, mas também desesperado. E sofrendo o suficiente para tentar. Então tentei. Lentamente, e de forma gradual, nas sessões seguintes fui capaz de identificar as causas de toda aquela raiva, remontando há cerca de vinte anos. Lembrei-me de acontecimentos em que as figuras de autoridade tinham esmagado meu espírito.

Foi a melhor maneira que encontrei para descrever aquilo. Momentos em que eu tentara expressar alguma coisa minha e tinha sido bloqueado. Algo fundamental sobre quem eu era — uma essência minha — fora menosprezado. Como se não me tivessem permitido ser eu.

Como resposta, eu armazenara reservas raivosas de "você vai ver". Esse é um tipo particular de raiva. Quando você sente que alguém não o deixa ser você mesmo, isso atinge seu âmago. E essa ferida sagrada pode inspirar todo tipo de ação. Há muita energia ativadora aí.

É como se, em algum lugar dentro de mim, eu tivesse reagido àqueles acontecimentos com: *Sério? Essas são as regras? Bem, eu vou embora daqui um dia, e vou trabalhar tanto que vou criar meu próprio mundo, onde decido quais são as regras.*

Não era à toa que eu estava tão motivado. Não era à toa que eu havia me esforçado tanto. Não era à toa que tinha tido tanta dificuldade em dizer não.

Esse único insight levou a novas perguntas: *Por que sou tão bom em dizer às pessoas o que elas querem ouvir?; Por que tenho tanto medo de decepcionar os outros?; Por que eu me movo tãorápido?; No que consiste esse sofrimento que me leva a ficar um passo à frente dele?; Por que para mim é tão difícil dizer não?*

Era como se existisse uma porta do outro lado da sala da RAIVA com algo escrito nela. E eu poderia abri-la e entrar na próxima sala. E então existisse mais uma porta naquela sala... E assim por diante.

Raiva, necessidade de agradar, medo, ambição, não ser bom o suficiente, tudo era interminável. No bom sentido. E bastante libertador.

Havia uma urgência no que eu estava aprendendo por causa da dimensão pública do meu trabalho. Estar na frente de tantas pessoas daquela maneira trouxe junto uma sensação enervante de exposição.

Eu queria aquelas multidões. Queria falar com todas aquelas pessoas. Tinha muito a dizer e estava muito apaixonado por aquilo. Sentia que tinha sido feito para aquilo.

Mas também sabia que as pessoas estavam me avaliando, me julgando, me classificando, me criticando, comparando aquele domingo com o anterior, decidindo se tinha sido bom ou não. Decidindo se eu era bom ou não.

Era como um calor muito intenso. Ou um holofote ofuscante. Ou um ímã. Pequenos fragmentos de metal, por menores ou mais leves que fossem — uma insegurança, um medo, uma vulnerabilidade —, eram trazidos à tona por aquele ímã de estar em público daquela maneira.

Eu acordava em uma segunda-feira de manhã e me perguntava por que tinha feito *aquele* comentário no dia anterior, querendo poder reviver o momento para não fazê-lo. Aquela piada, aquele comentário, aquela frase extra desnecessária.

No entanto, depois que passei a atravessar aquelas portas e a descobrir o que havia nas salas, ao experimentar aquela libertação, comecei a ver tudo de forma diferente.

Eu poderia entrar ali e ficar bem.

Eu poderia entrar naqueles lugares que mais me intimidavam e assustavam e sobreviver — àquilo que fosse. E não só sobreviver; havia uma nova vida ali.

Um amigo me falou sobre uma mulher chamada Irmã Virginia que fazia consultas de orientação espiritual. Eu não sabia o que era orientação espiritual, ou o que significava o fato de ela ser uma irmã, mas meu amigo garantiu que eu me daria bem com ela.

Por isso marquei uma consulta. Fui ao Centro Dominicano, onde ela trabalhava; tudo aquilo era novo para mim. Parecia um convento ou algum tipo de centro de ensino espiritual. E então ela entrou. Tinha cerca de sessenta e cinco anos, estava vestida como minha tia Dorothy e usava aquelas botas ortopédicas pretas que às vezes têm tiras de velcro. Ela explicou que era uma espécie de freira em roupas normais e que morava não muito longe de onde estávamos.

Irmã Virginia me disse que era de Boston e falava como uma bostoniana. Em seguida, fomos direto ao assunto:

— Por que eu tinha marcado uma consulta? — ela perguntou.

Comecei a enumerar minhas frustrações e as coisas que precisavam de reparo. Logo ficou claro que ela não tinha interesse em me ajudar a resolver meus problemas. Irmã Virginia simplesmente continuou perguntando:

— Por que você acha que isso é ruim? Por que isso é algo que precisa ser reparado? Por que você acha que essa pessoa te irrita?

As perguntas dela começaram a ter um efeito inesperado. Percebi que o que eu achava que era o problema, não era. Era outra coisa. Algo que eu não sabia. Algo realmente surpreendente.

Era como uma caça ou uma busca. Em vez de toda aquela angústia de *Por que não consigo fazer com que essa situação siga do jeito que deveria* tornou-se: *Ah, isso é interessante. Vamos ver o que mais tem aí...*

Era como se as coisas que eu considerava problema se transformassem em sinais, indicando-me uma nova consciência, novas questões, novas possibilidades.

Como ela fazia aquilo?

Irmã Virginia afirmou que seu trabalho como orientadora espiritual era se juntar a mim em tudo o que eu trouxesse a ela, e focar para saber o que o Espírito estava tramando. *Espírito*. Eu conhecia aquela palavra. Mas não daquela maneira.

Ela tinha a suposição — a *confiança* — de que existiam mais coisas no espaço entre nós, algo em ação nas perturbações que eu havia trazido para ela, algo que se agitava na minha angústia e ansiedade.

Era como vislumbrar uma força ou esbarrar em algo que disfarça seu formato ou sua forma. Alguma coisa estava acontecendo ali — no problema, na desordem, na confusão — quando entrei. Algo ativo, vivo, empoderador. Algo muito difícil de nomear, mas muito real. *Espírito* foi a palavra que ela usou.

Foi chocante para mim porque eu vivia em um mundo de distinções muito claras: as coisas eram boas ou ruins, havia sucesso e havia fracasso, você estava ganhando ou perdendo, as coisas iam bem ou não.

É *isso* ou *aquilo*. Um ou outro.

Porém, com a Irmã Virginia, tais categorizações se desfaziam. Eu estava descobrindo algo presente e ativo em *tudo aquilo*, uma coisa nova.

Eu tinha ido a uma consulta para conversar sobre minha frustração, mas aprendi que essa frustração me ensinava algo novo e bom...

O Espírito de que ela falou, o poder e a presença em ação naqueles encontros incluíam essas categorias, mas também as transcendiam. Uma coisa era tentar me livrar da angústia, da ansiedade e dos problemas, outra totalmente diferente era ouvir e perceber o que tinham a dizer e então seguir para onde me levavam.

Fiz uma série de consultas com ela. Eu ia com um problema a ser resolvido e, de alguma forma, ele se transformava em um convite a ser respondido. Eu saía das sessões exultante.

Não que meus problemas desaparecessem, mas eles não eram mais o ponto central.

Claro que eu precisava contar para as pessoas tudo o que estava aprendendo. Num domingo, comecei meu ensinamento dizendo:

— Faço terapia.

Parecia perigoso e arriscado revelar aquilo. *Admiti-lo.* Naquele tempo e lugar, os líderes espirituais não falavam assim. O trabalho envolvia dar respostas, e não falar publicamente sobre obter orientação. Eu tinha crescido em um mundo onde as pessoas não falavam muito sobre isso. Aconselhamento? Terapia? Orientação espiritual? Essas coisas eram para pessoas com problemas, pessoas que enfrentavam dificuldades e pessoas que não tinham sucesso.

Fazer uma jornada interior, descobrir o *porquê* de ter feito o que fiz eram novos territórios. Eu estava ali no palco falando sem parar sobre como não precisamos viver nos perguntando por que respondemos de certa maneira a uma situação específica; por que desenvolvemos determinados padrões e hábitos; por que certas dinâmicas se desenvolvem em nossos relacionamentos; ou por que certas pessoas são capazes de nos irritar.

Está tudo conectado, eu repetia. *Está tudo conectado. De onde você vem e de quem você vem, e o que você experimentou, e como você reage a certos acontecimentos e a certas pessoas, e o que você pensa a respeito de suas falhas. Você pode entrar ali e descobrir tais coisas.*

Aonde quer que eu fosse, as pessoas se entusiasmavam com o sucesso que eu estava tendo com minha nova igreja. Comecei a dar entrevistas e a ser convidado a palestrar ao redor do mundo. Nunca parei de ouvir como era incrível. Mas todo aquele *sucesso* estava partindo meu coração e me fazia questionar o que era o sucesso de fato.

Foi por isso que, meses e meses depois, eu estive no palco repetindo sem parar a questão da *orientação espiritual*, da *realização do meu trabalho interior* e do *enfrentamento dos meus problemas*, esforçando-me para explicar *como tudo está conectado*.

Era bem pueril. Como uma criança que acaba de ganhar o melhor presente de todos os tempos e precisa contar para todo mundo. Não tenho a menor ideia se alguma coisa que eu disse naquele dia fez sentido para quem esteve lá.

Mas eu estava mais vivo do que nunca.

> Por volta daquela época, em um corredor nas entranhas de uma arena em Atlanta, na Geórgia, um homem que eu acabara de conhecer me disse que sua empresa fazia pesquisas de sermões para pastores famosos de megaigrejas — ele enumerou diversos deles —, e gostaria de me contar mais sobre como sua empresa poderia me ajudar.

PESQUISA DE SERMÕES? ISSO EXISTE? SENTI MUITA REPULSA, MAS AO mesmo tempo fiquei tão fascinado que não o interrompi. Ele prosseguiu, explicando como ele e sua equipe forneciam ideias, artigos, histórias e informações para os sermões desses pastores. Sério? Isso era um negócio? Era assim que ele ganhava dinheiro? Mal pude acreditar. Essa forma de arte é profundamente pessoal para mim, porque flui do meu coração, da minha mente, da minha alma e da minha vida. Entreguei-me a ela dedicando muitas horas; ao longo dos anos, à medida que fui me aprimorando no ofício, fui ficando cada vez mais familiarizado com suas nuances e sutilezas. Continuamente aprendendo, expandindo e crescendo...

Você pode pagar alguém para fazer isso para você?

E aqueles pastores que ele enumerou... Ele achou que eu fosse um deles? Era por acaso um clube do qual eu fazia parte e não me lembrava de ter me tornado membro?

E essa palavra: *megaigreja?* Comecei a ouvi-la com alguma frequência e isso me dava nos nervos. Quando ela era usada em referência a *mim,* pastor de megaigreja, eu estremecia. Pude reparar em quantas pessoas que encontro e me interrompem depois de alguns minutos de conversa:

— Você não é o que eu esperava.

— O que você quer dizer? — pergunto.

— Bem, sabe, você é pastor de uma megaigreja, achei que você seria mais...

E, então, as pessoas prosseguem e descrevem as suposições que tinham a meu respeito. Isso acontece o tempo todo.

Ali estava eu, nas entranhas daquela arena, porque palestraria em um grande evento; haveria palestras de vários outros pastores e autores de megaigrejas. O que senti enquanto caminhava entre todos aqueles líderes e suas comitivas foi que aquele não era o meu lugar.

Era como se esse evento tivesse sua própria cultura; e, no meu dia de falar, foi como se eu estivesse visitando um mundo religioso paralelo. Tinha sua própria música, sua linguagem interna e seus consultores, suas celebridades e regras sobre o que era permitido falar ou não.

Logo depois disso, eu e um pastor amigo, que estava na cidade, nos encontramos para pôr a conversa em dia. Então, ele me perguntou se, quando terminássemos, eu poderia deixá-lo em uma reunião com alguns outros pastores. Quando chegamos ao endereço, descobri que era um aeroporto particular. Meu amigo desembarcou e foi cumprimentar os outros pastores, que chegaram em jatinhos. Fiquei sentado lá, no meu Volkswagen, observando a distância os apertos de mão, enquanto sentia uma profunda sensação de estranhamento.

Costumo ter essa sensação de estranhamento, embora mais intensamente, quando participo de reuniões em nossa igreja. Amo aquelas pessoas e tenho grande respeito por elas. Adoro as histórias que nunca deixamos de ouvir sobre nossa igreja. É uma honra fazer parte disso — e esse sentimento de gratidão está sempre comigo — e estar dentro de um movimento como aquele, mas também há uma dor ali. Uma dor que nunca vai embora.

Participo das reuniões e ouço as pessoas com quem trabalho e que enfrentam os desafios de servir a todos que vêm à nossa igreja. No entanto, quero estar em outro lugar. É um trabalho significativo o delas, e fico feliz que o estejam fazendo.

Mas tenho a convicção persistente de que não é o meu trabalho. Meu trabalho está em outro lugar. É outra coisa.

Tenho ideias do que quero fazer. Muitas coisas: livros, filmes, ensinamentos, turnês. As ideias nunca param de surgir. É como se, ao não realizá-las, eu fosse entrar em combustão espontânea. Fico sentado nessas reuniões com uma voz em minha cabeça, que repete: *Só queria poder fazer o meu trabalho.*

Porém, para as pessoas com quem divido essas reuniões, esse é o trabalho. Elas estão exatamente onde deveriam estar.

Costumo participar de reuniões em que o assunto desvia para o que não estou fazendo. Para o que eu poderia fazer melhor. Ou para como as pessoas sentem que não as estou liderando. Fico cansado de ouvir sobre o que não sou.

Um líder me disse:

— Você tem que comer suas verduras.

Foi literalmente o que ele falou. E prosseguiu dizendo como seria bom se vivêssemos em mundos de fantasia, onde pudéssemos criar o que quiséssemos, sempre que quiséssemos, mas, no mundo real, temos responsabilidades, gostemos disso ou não. Ele disse que eu deveria participar de mais reuniões, assumir mais controle, incorporar o papel de um líder de verdade.

Outro pastor me confrontou sobre minhas falhas como líder, dizendo-me que a questão não era sobre minha arte — e disse *arte* em tom incisivo —, que meus esforços eram equivocados e que a única coisa que faria de importante mesmo, em última análise, seria construir uma megaigreja maior, melhor e mais impressionante. Saí cambaleando depois dessa reunião e me encostei na parede, pressionando meu estômago. Aquela dissonância dentro de mim era avassaladora. Tenho essa voz interior, profunda e ressonante, que continua a insistir que estou aqui para fazer outras coisas, mas então sou cercado por essas vozes — fortes, inteligentes, claras — que me dizem que meu trabalho principal é liderar essa igreja que comecei.

Alguém me perguntou qual era minha perspectiva trienal para a igreja. Não tinha uma. Fiz uma pausa, refletindo sobre a pergunta um pouco mais. Nada ainda. Vazio. Tudo o que me veio à mente foram os próximos ensinamentos, os livros que quero escrever e que estão fazendo barulho em minha cabeça, os próximos três curtas-metragens que quero produzir, o artigo que li no dia anterior e que me lembrou um verso de uma música que se relaciona a uma parábola que Jesus contou, à qual associo a algo que aconteceu comigo na semana anterior. Tudo isso que lentamente está se reunindo em mim para formar algo novo. Outro livro? Outro filme? Outro ensinamento?

É o que me anima. É nisso que penso o dia todo. Estou aqui para fazer isso.

Sei muito bem que as pessoas adorariam ter meu emprego. Estou consciente de como sou afortunado. Sei exatamente que dádiva é ter a chance de liderar algo assim.

Sinto vergonha.

E uma exaustão sobrenatural. Carregar toda essa ansiedade dia após dia após dia. O corpo sabe. Nosso corpo sempre sabe. O meu sabe. Tudo o que não é expresso e tratado fica armazenado em algum lugar dentro de nós. Nos ossos, nas células, no coração. Eu estava tão cansado, mas não conseguia dormir bem. Tentava muito arduamente, mas não conseguia manter o foco. Esse tipo de coisa.

E havia as perguntas. A vergonha é mestra nessas inquirições inquietantes e implacáveis. *Por que não posso fazer tudo? Por que não posso ser mais tenaz, mais forte, mais organizado, mais estratégico? Por que não consigo ser o que essas pessoas dizem que eu deveria ser? Por que outras pessoas parecem ser capazes de fazer isso sem nenhum esforço e eu não consigo dar um passo sem tropeçar?*

Porque não é o meu caminho. É como um sussurro, mas é alto o suficiente para ser ouvido. E nunca vai embora.

Como sempre, Kristen estava um passo à frente. Às vezes, ela me dizia:

— E se você fizesse pinturas a óleo? Se você estivesse aqui para fazer pinturas bonitas e significativas, então teríamos organizado sua vida de maneira mais simples e focada para você fazer especificamente isso.

Isso ajudava muito. Soava muito claro e zen viver com esse tipo de objetividade. Que envolvia *alma*. Era sobre isso que ela não parava de falar: *alma*.

Somos feitos da mesma matéria de todo o resto.

CARBONO, OXIGÊNIO, HIDROGÊNIO, NITROGÊNIO: TUDO É FEITO A PARtir desses elementos básicos, inclusive nós. Rochas, árvores, água, corpos, estrelas. A mesma matéria.

Chamo isso de *concretude*; essa matéria de que tudo é feito. Você pode segurá-la na mão, senti-la, medi-la, fazer coisas com ela. Madeira, pedra, pele, osso. A concretude possui forma, formato, textura, limites.

Pegue uma pedra. Qualquer pedra. Segure-a na mão. Tem peso. Tem contorno. *Concretude*. Esteja ou não na sua mão; esteja ela ali, na mesa de centro, ou ao seu lado, no apoio de braço; ou no chão. Tem *forma*.

Quando algo tem forma, tem bordas, limites, contornos visíveis, você pode ver claramente onde começa e onde termina.

Uma pedra está aqui e não ali. O mesmo acontece com seu corpo. Seu corpo é feito de concretude: cotovelos, joelhos, dentes, cabelo e sangue. Podemos saber visualmente onde o corpo começa e onde termina.

Mas também temos pulsação. O sangue *flui* em nossas veias. Nosso coração *bate*. Quando respiramos, *inspiramos e expiramos*.

Uma pedra tem concretude, mas não pulsa, não flui, não bate, não respira. Essas são outras coisas, algo *mais*.

Pense em uma planta. Uma planta é feita de concretude, mas também tem *vida*. Ela pode viver e morrer, como uma pessoa. E a *vida* é significativamente mais complexa do que a concretude apenas. A vida tem mais complexidade, mas menos forma. Onde uma pulsação começa e termina? Você pode segurar a respiração na mão?

Você pode segurar uma pedra na mão. No entanto, vida, pulsação, fluxo, processo possuem forma, mas têm contornos, bordas e formatos menos específicos do que uma pedra, que é constituída apenas de concretude.

Somos feitos de *concretude* e também temos *vida*.

Tem mais. Também temos *mente*.

Podemos pensar, processar, saber e analisar. É muito mais complexo do que uma pedra. Ou uma planta. A mente pode dar nome às coisas e organizá-las. A mente cria uma linguagem para identificar e fazer conexões.

Imagine a cor azul.

Você conseguiu, certo? Uau! Você viu algo azul? Você criou, lembrou, imaginou ou evocou uma *cor*? Você fez isso *aí dentro*? Em sua mente?

Outra pergunta:

O que veio primeiro, o pouso na Lua ou o iPhone?

Você respondeu, certo? Como? Você voltou na história e, depois, voltou ainda mais; então, viu os dois acontecimentos em uma extensão espacial maior de tempo e identificou uma relação sequencial. Sua mente fez isso? É bem impressionante.

Então, existe *concretude,* existe *vida,* existe *mente*. Há mais também, claro.

Na sexta série, Joan Iwasko, minha professora, nos disse que deveríamos estudar muito para tirar boas notas, porque, quando chegássemos ao ensino médio, elas seriam levadas em conta em nosso histórico escolar para sempre. Um silêncio tomou conta da sala. Não tínhamos ideia do que aquilo significava, mas parecia sério. Ficamos devidamente nervosos.

E, quando chegamos ao ensino médio, ficamos sabendo que aquelas notas seriam avaliadas pelas faculdades, que decidiriam se seríamos aceitos ou não. E então chegamos à faculdade e ficamos sabendo que deveríamos conseguir bons estágios para que, depois que nos formássemos, pudéssemos conseguir bons empregos. Ou talvez ir para outras faculdades.

E, quando conseguimos aquele emprego, mostraram-nos nossa mesa de trabalho e ficamos sabendo o que seria exigido de nós, o que deveríamos fazer para receber uma promoção e como seríamos avaliados. E fizemos isso. Nós nos lançamos naquilo, jogamos de acordo com as regras e demos tudo de nós.

E então chega o dia em que estamos nos dirigindo para o trabalho, participando de uma reunião, acordando no meio da noite e nos revirando na cama, preenchendo outro formulário ou conversando com um homem nas entranhas de uma arena e sentimos aquele baque existencial em nosso coração quando a pergunta surge dentro de nós: *Qual é o objetivo de tudo isso?*

É como se sempre existisse alguém desde muito cedo apontando para uma escada e nos dizendo para subir.

E ASSIM O FIZEMOS. SÓ PARA NOS VERMOS EM UM NOVO ESPAÇO COM uma nova pessoa nos dizendo que *aquela* é a escada para subirmos *ali*.

E alguns de nós ficam muito bons em subir escadas. Coloque-nos em qualquer situação e podemos encontrar a escada bem rápido.

Em alguns cenários, é uma questão de lealdade; em outros, é sobre ganhar dinheiro; em outros, consiste em trabalhar mais horas, ser o primeiro a chegar ao estacionamento de manhã e o último a sair à noite; em outros, é uma questão de produção, eficiência ou resultado; em outros, envolve manter a reputação da instituição; em outros, trata-se de agradar às pessoas certas; em outros, é uma questão de números. As escadas aparecem em todos os formatos e tamanhos.

O que nos leva ao problema das escadas: pouquíssimos de nós já tivemos uma aula que nos ensinasse a saber: *Essa escada está encostada no prédio certo?*

Percebo agora o que aquela dor estava me ensinando ao participar daquelas reuniões; sentia aquela angústia ao saber que eu tinha um caminho a percorrer que não era aquele. Eu estava aprendendo sobre a alma.

SOMOS FEITOS DE CONCRETUDE, TEMOS VIDA, TEMOS MENTE E TAMbém temos *alma*.

E a alma é real, tão real quanto pele e ossos.

A mente *pensa*, a alma *sabe*.

Você precisa da mente para percorrer o caminho; você precisa da alma para saber se aquele é mesmo *o caminho certo*. A alma está sintonizada para saber se a escada está ou não encostada no prédio certo.

Construa um pensamento: você não pode segurá-lo na mão. Você não pode medi-lo com nenhum tipo de dispositivo real. O pensamento existe dentro de você de uma maneira totalmente diferente de um osso, de um batimento cardíaco ou de um cotovelo.

E, ainda assim, um pensamento é real. Uma ideia pode iluminá-lo. Pensar de uma nova maneira pode mudar tudo.

Nesse sentido, o pensamento é muito diferente de uma pedra. Não é uma forma. Nem tem limites.

Mas é muito maior, é mais expansivo e potente.

Uma pedra fica apenas ali, mas um pensamento pode viajar para o outro lado do mundo.

E um pensamento possui certa forma: você pode ter uma lista de pensamentos ou um sistema de raciocínio. Você pode ordená-los. Você pode se lembrar de algo que disse. Você pode construir uma frase.

Há forma e estrutura aí, mas muito menos *forma de concretude* do que há numa pedra.

Uma pedra só pode estar em um único lugar de cada vez, mas e uma ideia? Uma ideia pode se espalhar. Uma ideia pode se estabelecer. Uma ideia pode ir a qualquer lugar.

Agora, pense na diferença entre *mente* e *alma*. Você pode *ordenar* ou *estruturar* sua alma? Você pode ter uma *progressão* de almas? Existe ação *sistemática* da alma? Você consegue se lembrar de algo que "almou"? Aaaah. Não. Não funciona, não é? Você pode ordenar os pensamentos, ter uma progressão deles, recordá-los. O mesmo não acontece com a alma.

Fale da *alma* como você fala da *mente* e isso estará *errado*.

Falamos de registrar nossos pensamentos no papel. Tente fazer isso com a alma. *Eu estava registrando minha alma...*

Não funciona, não é? Não é grande, profundo ou suficiente para registrar o que estamos falando quando falamos da alma.

Você sente a alma, tem vislumbres dela, conecta-se com ela.

Você ouve alguém dando uma opinião e pensa: *Concordo com parte do que ele está dizendo.*

Mas a alma? Você *concorda* com a alma? Não, na verdade. É mais como você *está em sintonia* com a alma. Você a escuta.

Você a procura em alguma coisa. Você tem consciência do que algo está fazendo com sua alma.

Aquela cantora de *soul* [alma, em inglês] nos toca o coração. Sabemos o que ela canta. Mas se alguém pedir para você dizer de forma clara e específica sobre o que ela está cantando... é um pouco mais difícil.

Você pode dizer: uma dor. É difícil descrever a forma.

Percebe o que aconteceu aí? Alguém lhe pede para nomear a forma da alma e uma descrição concreta escapa à linguagem.

Você altera para uma imagem, pintura, metáfora. *Eu estava morrendo por dentro. Esse emprego é de esmagar a alma. Ele vendeu a alma. Ela é uma alma antiga.*

A alma tem, de fato, alguma forma: falamos sobre a *nossa* alma, a alma de outra pessoa, a alma de um lugar, a ausência de alma. Há algo que se assemelha a forma aí, mas bem menos do que as outras camadas e níveis que fazem de você *você mesmo*.

Todas essas diferentes dimensões — partes, aspectos, esferas, camadas, essência, ou seja como for que você as chame — são *reais*, mas possuem diversos graus de *forma*.

Algumas dimensões são óbvias e tangíveis: você pode acessá-las com os cinco sentidos, pode vê-las com os olhos. Outras ficam mais ocultas, são mais sutis. No entanto, são igualmente reais.

Você pode segurar nas mãos o contracheque do salário. E um desejo existe em algum lugar dentro de você. Ambos são igualmente reais.

Cada um de nós é uma mistura de todas essas dimensões. Quanto mais você percebe tudo o que acontece simultaneamente dentro de você, melhor entende como às vezes você precisa de um poeta, às vezes de um mecânico, de mais pesquisa, de uma música, de fatos, de uma pintura de outra cor, de um ritual, de uma massa, de um técnico, de silêncio, de um geólogo e às vezes de alguém para sentar com você para ouvi-lo enquanto desabafa e põe tudo para fora.

Você é irredutível. Podemos falar especificamente sobre sua mente, seu corpo ou outras partes que fazem *você*, mas você é um ser tão inter-relacionado que tudo a seu respeito contamina o resto. Tudo sobre você está conectado com todo o resto sobre você. Falar sobre uma dimensão sua é falar sobre tudo que é você.

Falamos sobre sentir alguma coisa *em nosso íntimo*. Falamos do nosso sangue *fervendo*. Sentimos um arrepio *na nossa espinha*.

Imagine se alguém pedisse desculpas por um abuso físico dizendo:

— Foi só no corpo dele que eu bati.

Ou se alguém fosse acusado de abuso sexual e dissesse:

— Só a toquei fisicamente.

Ou se alguém estivesse manipulando os outros por meio do medo e da intimidação e dissesse:

— É só a mente que estou manipulando.

Ficaríamos horrorizados com esse tipo de defesa porque sabemos intuitivamente que nossa pele e nossa alma estão conectadas. Mente e ossos estão unidos. Nosso coração, sangue e pensamentos estão entrelaçados.

Somos feitos de muitas partes e, ao mesmo tempo, somos um.

Imagine se uma pessoa dissesse:

— Só acredito em coisas que posso entender.

O quê? Seu mundo só tem o tamanho daquilo que sua mente pode compreender? Ou se alguém dissesse:

— Só confio nas coisas que posso ver.

Sério? A realidade está limitada à visão física? Isso é apenas uma pequena amostra de todas as maneiras pelas quais sabemos das coisas. Como uma pessoa pode viver tão limitada? Ou se outro alguém dissesse:

— A razão é meu único guia.

Isso parece bastante razoável, e razão é absolutamente essencial, mas, se fosse o único guia, seria uma desconexão da maioria das formas pelas quais os seres humanos sabem das coisas há milhares de anos.

Essas diferentes camadas, dimensões, elementos, essências e partes fazem de você *você mesmo*.

Tudo está misturado, integrado, entrosado e se contamina, conversando entre si.

Quando uma pessoa está falando e você tem a sensação de que ela está apenas repetindo algo que já ouviu antes, você pensa: *Parece que ela só segue o fluxo*. Ou: *Seu coração não está nisso.*

Alguém assim conversa e constrói frases e pensamentos — isso é a mente —, mas sem dar a impressão de estar conectado a nada mais profundo dentro de si. *Alma.*

E sobre aquela sensação que você tem quando diz a uma pessoa o que ela quer ouvir? Ao fazer isso, você viola algo dentro de si mesmo. Um juízo que você tem de quem você é; uma consciência de que, quando não é fiel a esse juízo, você sabe. *Alma.*

Ou então você chega a um novo shopping center e tudo está limpo, reluzente e com marcas de grife. É tudo tão perfeito que você diz:

— Esse lugar não tem alma.

O que você quer dizer com isso? O que quer dizer é que alguém elaborou um plano e tinha uma estratégia, houve diversas reuniões e as pessoas receberam instruções, fizeram pesquisas, processaram números, analisaram dados; depois acharam o terreno, construíram o prédio e encontraram inquilinos, colocaram letreiros e garantiram que houvesse muitas vagas de estacionamento, mas talvez ninguém nunca se perguntou:

— É isso que queremos?

Ou:

— Isso é bom para o mundo?

Ou:

— Nós nos preocupamos com isso?

Ou:

— Estamos orgulhosos disso?

Ou ainda:

— Existe algo de nós nisso?

Esta é uma pergunta considerável: *Existe algo de nós nisso?* Porque foi isso que você assimilou ao pensar:

— Esse lugar não tem alma.

O que você enuncia é a ausência de um eu. Você não sentiu um ser humano por trás de todos os tijolos, neons, estuque e concreto. Você não sentiu que pessoas reais queriam aquilo e se entregaram para que aquilo existisse. O que parece é que alguém tinha um trabalho e lhe disseram o que fazer, e foi feito. A mente recebeu ordens e fez o trabalho. Uma das maneiras mais óbvias de notarmos a presença e a ausência de alma está na arquitetura: as construções nos contam todo tipo de verdade.

A mente faz *coisas. Faz construções. Tem conquistas. Segue o plano. Ganha o que há para ganhar.* Mas a alma chama seu eu mais profundo e verdadeiro.

Ao participar daquelas reuniões e ao tentar liderar aquela igreja, eu estava cercado por pessoas que me diziam o que eu deveria fazer. Vozes, orçamentos, programas, opiniões e comentários constantes: era muita forma, muita pressão tangível, física e real dando-me um feedback constante a respeito de quem eu era, do que eu deveria fazer e do que parecia ser o sucesso.

E então havia a alma. Aquela voz mais profunda em mim me dizendo outra verdade e persuadindo-me a repensar o que era o sucesso. Eu tinha meu próprio caminho, e não era aquele; e o que você faz em relação a um caminho é percorrê-lo. Isso pode parecer muito simples, como: *simplesmente faça!* Mas percorrer seu caminho, quando você está cercado por diversas vozes opinando fortemente a respeito do que você deve fazer, exige uma enorme força espinhal.

Minha versão de uma história muito antiga:

Uma mulher parte em busca de uma resposta para a pergunta mais importante: *Quem sou eu?* Ela sai de seu vilarejo e começa a subir a montanha mais próxima porque tinha ouvido falar que havia um iogue sábio morando em uma caverna lá no alto. Escala a montanha ao longo de um dia e chega à caverna do iogue. Ela entra, faz uma reverência, senta-se e diz ao iogue:

— Estou em busca de uma resposta para a pergunta: quem sou eu?

O iogue faz um gesto negativo com a cabeça e responde:

— Essa é uma pergunta muito profunda para alguém como eu. Eu não posso ajudá-la.

Então, a mulher continua subindo a montanha. Dias depois, chega a outra caverna, entra e encontra um velho santo curvado sobre uma fogueira. Ela se senta e pergunta:

— Você pode me ajudar? Quem sou eu?

O santo sorri e responde:

— Ah, isso está além de mim.

A mulher sai e continua escalando a montanha até alcançar uma altura acima da linha das árvores. Está frio e venta muito. Depois de vários dias, ela chega a outra caverna e encontra uma velha sentada sobre um tapete. Ela põe a mochila no chão e pergunta:

— Quem sou eu?

A velha a olha de cima a baixo, arqueia uma sobrancelha e sorri ao dizer:

— Quem está perguntando?

Adoro essa história. *Quem está perguntando?* Que pergunta! Ri muito na primeira vez que a ouvi. Adorei porque estava descobrindo o eu atrás do meu eu, a pergunta atrás da pergunta, o quem por trás de quem.

Há a emoção, o sentimento ou o pensamento, e então acontece de você dar um passo para trás e se observar tendo a emoção, o sentimento ou o pensamento; é quando descobre que não é a soma total da experiência que está tendo. Há um *você* que é maior e está além dessa experiência. Há um *você* que pode observá-lo tendo a emoção, o sentimento ou o pensamento.

Há o *Estou com raiva* e então há o *Ah, veja, raiva.*

Ao dar um passo para trás para ver o você que observa, consegue ter uma perspectiva maior. Mas depois você pode dar mais um passo para trás para ver o você que acaba de conseguir uma perspectiva maior e melhor. Continue retrocedendo e descobrirá que há outro *você* por trás desse.

Não conseguimos chegar ao último você por trás de todos os *você* porque sempre vai haver mais um. Temos certeza absoluta da sua existência e, no entanto, o *você* mais profundo e pleno por trás de todos esses outros não pode ser acessado de maneira literal e tangível.

Se perguntarmos quem você é, a resposta pode ser dada ao revelar *onde nasceu, onde estudou, qual é sua altura, quem são seus pais* ou *o que você faz com seu tempo.* São todas respostas.

Em certo nível, elas ajudam a identificá-lo.

Você também pode responder nos contando histórias sobre sofrimentos, perdas e dificuldades que enfrentou. Ou pode nos falar sobre sua personalidade e seu temperamento, ou como se saiu em uma avaliação psicológica. Ou pode nos contar qual é o seu signo, seu número do eneagrama, seu animal espiritual.

Sim, tudo isso ajudaria a identificá-lo. Porém, há mais para nós. *Concretude, vida, mente, alma.* Todas são reais, todas com graus diferentes de forma. A história da mulher que recebeu aquela resposta — *Quem está perguntando?* — me deu linguagem para outra parte de mim. Outra dimensão do ser humano. Um caminho muito além da forma. Seja qual for, e seja lá como funcionou, eu queria entender mais...

Havia uma mulher na igreja chamada Carol, com quem eu conversava de vez em quando. Ela era professora de literatura em uma universidade local. Num domingo de manhã, pouco antes do início do culto, ela se aproximou de mim e disse:
— Você é um místico.
Em seguida, apontou para as pessoas que estavam ocupando seus lugares e acrescentou:
— E eles ainda não perceberam.

AQUELE MOMENTO FICOU GRAVADO NO MEU CORAÇÃO. QUE PRESENTE ela me deu! *Místico.*

Eu meio que sabia o que ela estava dizendo, sabia *exatamente* o que ela estava dizendo.

O místico teve a experiência direta. O místico conheceu *pessoalmente*. O místico não precisa de instituição, sistema ou dogma para lhe dizer o que ele já experimentou. O místico não precisa de uma figura de autoridade para validar o que ele sabe ser verdade.

Nunca me interessei muito por religião. Ou por aquela palavra: *cristianismo*. A Carol entendia aquilo. Eu estava atrás de uma experiência...

Eu tinha notado algo misterioso acontecendo em meus ensinamentos. As pessoas vinham falar comigo depois do culto. Então, uma me dizia como aquilo que eu tinha dito a ajudara a se conformar com a morte da mãe. Outra, como a havia ajudado a perdoar o ex-marido. Ou algo tão pessoal e transformador quanto.

Eu ouvia e dizia a elas como estava grato por elas terem tido aquela experiência. E depois pensava: *Não havia nada no que eu disse a respeito disso...*

Mas para elas sim. Eu falava sobre generosidade ou imaginação, e alguém me dizia quanto aquilo tinha ajudado a entender o vício. Ou a perda. Ou o remorso.

Aquele fenômeno era muito misterioso. E continuou acontecendo. As pessoas continuaram a ter experiências bastante pessoais e particulares com meus ensinamentos, mas que pareciam não ter nada a ver com eles. À primeira vista, pelo menos.

Percebi que, quanto mais presente eu estava no que falava, quanto mais tempo eu havia vivido aquilo que estava falando, e quanto mais fundo aquilo habitava dentro de mim, mais isso acontecia.

Comecei a constatar quanto aquelas palestras espirituais que eu dava eram como arquitetura. Em vez de construir com madeira, pedra e tijolo, construía espaços com palavras. E então as pessoas entravam naqueles espaços e viam, ouviam e sentiam todo tipo de emoção. Muitas vezes, bem além de tudo o que eu havia visto e sentido.

Isso vale para canções, pinturas, natureza, eventos, aulas, cursos, arte e design de todo tipo. Você cria algo e, em seguida, compartilha com outros. Eles têm sua própria experiência com aquilo, tendo ou não semelhanças com o motivo pelo qual você o fez em primeiro lugar.

Eles podem ter uma experiência muito além de qualquer coisa que você imaginou, seja o que for.

Alguma coisa do que eu dava estava em ação naquelas palestras — que me transcendia —, muito além da forma do ensino espiritual.

Espírito. Essa foi a palavra que a Irmã Virginia usou para descrever o que acontecia naquelas consultas que tínhamos, que era ativo e estimulante e fazia alguma coisa em todas as bagunças e tensões que eu levava para ela. *Espírito*: aquilo era o que aquelas pessoas estavam descrevendo em suas experiências a partir dos ensinamentos que eu dava.

Cura, esclarecimento, reconciliação, reorientação, recordação, recentralização: esse Espírito não era nada que você pegasse nas mãos de maneira tangível. No entanto, era tão real quanto qualquer coisa que se pudesse segurar.

O Espírito precisa de forma. Aquela era uma verdade gigante que eu tateava. O Espírito precisa de forma e a forma precisa do Espírito. Aquela era outra verdade que eu descobria. Ambas são necessárias.

PRECISAMOS DE FORMAS: GUIAS, PONTOS DE REFERÊNCIA, TRADIÇÕES, linhagens, filmes, esculturas, textos, preces, poemas, histórias, canções, rituais, práticas, lembretes.

Elas nos ajudam a acessar e a experimentar o Espírito.

Estamos aqui na Terra, nesses corpos, sentindo a força da gravidade, sabendo que estamos aqui apenas por um tempo. Mas então existem esses momentos — como pinceladas ou vislumbres — de amor, conexão e esperança, e de repente estamos aqui e em toda parte. Nossos pés estão no chão, mas estamos voando.

Nosso coração ainda está batendo, mas nossa alma se eleva.

Nessa época, Kristen e eu estávamos na Itália para o casamento de um amigo. Na noite anterior à cerimônia, jantávamos em um vinhedo e o anfitrião nos levou para um passeio pelo local. Em certo momento, ele nos levou ao porão que servia de depósito para enormes barris de madeira cheios de vinho.

Depois de explicar as diversas etapas do processo de vinificação, ele começou a fazer um discurso apaixonado sobre a terra, a comida, a abundância, a graça, a gratidão e os amigos, e sobre como todos nós precisamos uns dos outros, como a terra é generosa e como tudo na vida é sagrado.

Foi o melhor sermão que eu já ouvira até então, e ainda até hoje. O melhor. Naquele porão, entre aqueles velhos barris. Lá estava ele de novo: o *Espírito*.

Pense em todos os melhores momentos da sua vida. Algo estava à espreita ali, em toda aquela forma, não estava? Uma vida, uma tensão, um amor, um senso de conexão, esperança e abertura; até tentar nomear está aquém do poder e da profundidade do momento. O que você sentiu foi o *Espírito* ali naquela forma, fosse qual fosse. Pessoas, comida, natureza, música, sexo, nascimento...

Eu fazia parte daquela enorme máquina religiosa, mas o que estava procurando era uma experiência, um sentimento, uma profundidade, um vislumbre. Novamente, a linguagem falha. Eu me peguei visualizando a igreja que tínhamos fundado como uma porta de entrada. E convidava as pessoas a passar por aquela porta e a entrar em um espaço sem paredes ou janelas... do finito para o infinito. Do que se pode ver e tocar para o que existe em outras categorias.

Como uma música. Você pode cantar uma música. Ou você pode se perder em uma música.

Em todos os lugares aonde eu ia, as pessoas queriam falar sobre a igreja: as histórias, os números, os planos, os detalhes, a atenção que despertava. Por mais incrível que fosse, eu começava a perceber que não era esse o objetivo, e era na verdade uma distração do fato de que tudo aquilo existia em primeiro lugar para ajudar as pessoas em sua experiência.

Não era necessária nenhuma atividade religiosa para ter aquela *coisa*: o súbito encontro estimulante e inspirador com o Espírito. Bastava a respiração. Bastava o coração. Bastava a abertura. *Isso* pode acontecer tão facilmente em silêncio quanto em um lugar com milhares de pessoas.

Eu estava em conflito. Cercado por todas aquelas pessoas, por toda aquela religião e por tudo de bom, tentando ajudá-las a enxergar a coisa por trás da coisa, o objetivo por trás de todos aqueles objetivos, o Espírito através e acima de toda aquela ação, conversa e organização. E também nelas.

É como quando você está aprendendo a andar de bicicleta. Quem quer que o esteja ensinando dirá para *continuar pedalando, desviar* e *não bater na caixa do correio!*

Inicialmente, aquelas palavras ajudam. Você as repete em sua cabeça, tentando fazer o que estão dizendo, indo cada vez mais longe a cada tentativa.

Então você consegue. E está andando de bicicleta. A essa altura, não repete mais aquelas palavras porque elas se tornaram pele. Não são mais externas a você. Tornaram-se internas. Incorporaram-se. Naquele momento, *aquelas instruções* se tornaram *sua realidade*.

Este era o objetivo principal: sentir aquela emoção particular de deslizar junto com as rodas girando debaixo de você. Ir além das palavras, até alcançar a experiência de andar de bicicleta.

Quando me dei conta de que meu trabalho estava criando um espaço onde as coisas aconteciam muito além de mim, minha compreensão da própria religião começou a se transformar radicalmente.

Eu dava uma palestra sobre Jesus e seu ensinamento sobre amar nossos inimigos. De acordo com Jesus, se você os amar, eles não serão mais seus inimigos, serão outra coisa. O ato de amar seu inimigo dissolve a categoria de inimigo — *você de um lado* e *seu inimigo ali do outro*.

Amar é ir além dessas categorias de *você* e *seu inimigo* para *vocês dois, seres humanos*.

A forma, o ensinamento, a verdade movem você para *além da forma*. Como se existisse um arco, um movimento ou uma trajetória nas palavras que, se levadas a sério, o conduzirão a algum lugar. Se fizer isso, você vai se ver em um lugar diferente. Se absorver as palavras, elas vão se tornar reais, e você não será mais o mesmo que era. Se ouvir o que elas dizem, em pouco tempo estará andando de bicicleta.

A última coisa que Jesus veio fazer foi criar outra religião.

CRIAR OUTRA RELIGIÃO DARIA AOS SERES HUMANOS MAIS UMA MAneira de se dividir. Nós e eles. Essa religião e aquela religião.

No Novo Testamento, há um belo versículo a respeito da vinda de Jesus para trazer uma *nova humanidade*. Adoro essa colocação: *nova humanidade*.

As fronteiras continuaram se dissolvendo à medida que eu me tornava cada vez mais consciente do Espírito em, através e ao redor de todas as formas vastas e variadas. Algumas delas se encaixam na categoria de religião, mas a maioria não. Todas elas me ajudavam a experimentar as energias espirituais profundas e poderosas existentes em toda a criação.

Frequentemente, uma pergunta surgia na igreja: *Em que acreditamos?*

No início, eu era o soldado leal, o bom filho, o líder fiel, e tentava responder. Ofereci ensinamentos, mensagens e palestras, fiz diagramas e gráficos, reuni-me com pessoas em grupos menores de discussão, tudo para tentar deixar claro *em que acreditamos.*

O que comecei a perceber é que não elucidava muita coisa e suscitava ainda mais perguntas. *O que eu quis dizer com o Cristo cósmico? Do que eu estava falando quando me referi à vida ao máximo? Onde estava aquela parte da não violência e do império? Como eu definia opressão? Eu tinha certeza de que cuidar do meio ambiente era fundamental para a fé?*

Esse tipo de coisas. Quanto mais eu tentava definir e identificar a pergunta, mais ela desafiava aquelas definições claras e concisas. No fim das contas, a tentativa de ser objetivo não diminuiu o número de perguntas.

Tínhamos cultos eucarísticos — também chamados de *comunhão* — em que pão e vinho eram servidos, e todos comungávamos juntos num ritual compartilhado, lembrando-nos de nossa humanidade comum, em todos os lugares. Falávamos sobre a história de Jesus, cujo corpo é partido e o sangue é derramado para a cura de tudo. Falávamos sobre como colocávamos a mesa para o mundo inteiro, como Jesus veio para derrubar as paredes divisórias entre nós, para que pudéssemos recuperar nossos laços como uma família humana. Esse ritual é bastante misterioso, porque desafia quaisquer rótulos ou sistemas que inventamos para nos dividir. Perguntavam:

— Para quem é esse ritual?

Eu respondia:

— Para todos.

Continuavam:

— O que você quer dizer com todos?

E assim por diante. Eu dava uma série de ensinamentos, tentando ser o mais preciso e claro possível sobre quem éramos, o que estávamos procurando fazer, de onde aquilo veio, como nos percebíamos e quais crenças estavam por trás daquilo. As pessoas perguntavam:

— Sim, isso é ótimo, mas em que acreditamos?

Inicialmente foi enlouquecedor. E depois passou a ser engraçado. Foi uma reviravolta para mim. Percebi que, por mais que se sigam as formas *certas* — a linguagem, as definições, as explicações —, ainda é possível perder a intenção delas. As formas não são o objetivo. O objetivo é uma experiência do Espírito. Comecei a perceber que, mesmo tendo todas as formas imagináveis, sem o Espírito, sem aquela energia estimulante e propulsiva que produz algo nelas, são apenas formas. Apenas uma prece, apenas um conjunto de crenças, apenas uma religião, apenas palavras.

Eu vinha de um mundo onde a função do líder espiritual era ter a última palavra a respeito das coisas. Para explicar. Para dizer o que significam. Para ensinar como se faz.

Comecei a perceber que minha função era dar a primeira palavra. Iniciar a discussão. Pôr as palavras em movimento para que elas pudessem fazer a coisa misteriosa que fazem em nós.

Ficava voltando ao início da Bíblia. O primeiro livro se chama Gênesis, que começa com um poema. Repito, é tão óbvio e tão revolucionário. Porque algumas verdades são tão belas e profundas que só cabe à poesia descrevê-las. Nesse poema, o divino sopra no pó e o humano passa a existir. Adoro essas imagens: envolvem apenas terra, poeira, pó, *que depois são soprados.* Em hebraico, a língua original do poema, a palavra para *sopro* e para *espírito* é a mesma.

Somos apenas uma forma. Pó, ossos e sangue. Mas então fomos soprados. Espírito. Há uma dignidade fundamental inerente em existir como ser humano. Uma nobreza. Uma centelha. Uma imagem divina. Nada pode extinguir isso.

Precisamos de formas. Mas é isso que elas são: pó, poeira, terra. É o sopro que dá vida. Isso *nos* dá vida.

Precisamos de ambos. É a isso que eu sempre volto. Estamos cercados por formas. As formas são o que fazem o mundo. O convite é permitir que o Espírito as transforme, para que assumam todo o seu potencial, guiando-nos a uma experiência mais plena das profundezas da vida.

Um místico. Claro que sou. Não somos todos?

Estava com uma mãe e um pai cujo filho lutava pelo Exército americano no Iraque. Nós nos reunimos porque nos domingos anteriores eu tinha ministrado uma série de ensinamentos em protesto contra a guerra. Esses pais tinham muitas perguntas para mim.

ELES AMAM O FILHO, AMAM O PAÍS E NÃO ENTENDIAM O MOTIVO DA minha oposição pública a essa guerra. Foi uma conversa intensa, e fiquei comovido com a franqueza, a curiosidade e a honestidade deles.

Sabia exatamente qual o motivo de eu estar com eles. Sim, era por causa daqueles ensinamentos. Mas havia outro, decorrente de uma decisão que eu tomara alguns anos antes e que estava se revelando muito maior do que imaginara na época...

Quando me tornei pastor, fiquei emocionado ao me encontrar com outros pastores. Tinha uma ligação com pessoas que faziam algo semelhante ao que eu estava fazendo. Nós nos encontrávamos e conversávamos sobre o que estávamos aprendendo e sobre os desafios que enfrentávamos. E então, em um número surpreendente de vezes, a conversa enveredava para uma direção específica.

Esses pastores começavam a falar sobre os livros que estavam lendo e como aquilo os ajudava. Elogiavam os livros — independentemente de quais fossem os seus autores — e enalteciam o fato de responderem a perguntas que tinham havia muito tempo, dando linguagens a coisas que eles mesmo sentiam.

Então faziam uma pausa e diziam algo do tipo:

— É claro que, se eu contasse à minha igreja que estou lendo esse livro, provavelmente seria demitido.

Ouvi inúmeras variações disso, vezes sem conta, naqueles primeiros anos em que fui pastor. Não aconteceu em apenas uma conversa; era um padrão.

Aqueles pastores estavam divididos.

Eles tinham uma persona religiosa profissional, aquela que mantinha o fluxo de doações, que repetia doutrinas e dogmas aprovados para proteger os limites e manter a estabilidade institucional, enquanto mantinham o emprego durante o processo.

E havia o verdadeiro eu deles, aquele eu faminto, sedento, curioso para aprender e crescer, que queria estar cada dia mais vivo.

Depois de alguns anos em nossa nova igreja, eu havia ministrado muitos ensinamentos sobre a igualdade feminina e como as mulheres são livres para serem quem estão aqui para ser. Isso é óbvio, mas para muitas pessoas de nossa igreja foi perturbador. Os membros de certo grupo ficaram tão transtornados com aquilo que se organizaram para tentar me afastar da função de pastor da igreja que eu tinha acabado de inaugurar.

No início, eu ri ao ouvir aquilo, mas depois fiquei arrasado.

Disseram-me que eles estavam trabalhando pela revogação dos meus papéis de ordenação. Eu não sabia o que aquilo significava, se bem que havia um pedaço de papel em algum lugar do meu primeiro emprego que confirmava que eu respondera bem o suficiente às perguntas. Era aquilo que queriam revogar? Tudo era muito surreal, um absurdo. *Um pedaço de papel.* Revogado. Um médico, membro da igreja, me confrontou, argumentando que mulheres não podiam ser líderes na igreja porque eram muito emotivas. E ficou ali na minha frente tentando me convencer daquilo, mas tropeçando em suas palavras *porque ele era muito emotivo.*

Eu estava com trinta e um anos. Não tinha recebido esse tipo de crítica antes. Aquilo era novo.

Semanas depois daqueles ensinamentos, eu estava num almoço com um pastor cuja igreja tinha — e ainda tem — uma lista de coisas que eram proibidas às mulheres. Pouco antes, essa igreja tinha divulgado uma declaração pública me refutando. Durante o almoço houve um momento em que ele hesitou, então se inclinou e me perguntou o porquê de eu ter ministrado aqueles ensinamentos especificamente.

O espírito da pergunta me impressionou. Não era acusatório; era curioso. Como se ele tivesse aberto uma fresta da porta para ver o que tinha lá. Mas ele mudou de assunto logo depois.

Houve aquela fração de segundo em que ele se permitiu considerar uma visão de mundo nova, mais inclusiva, expansiva e empoderadora, mas, em seguida, desistiu. Como uma janela que se abre de repente, mas, antes que o ar fresco possa entrar, é fechada. Se ele tivesse realmente ouvido, ou prosseguido em sua própria busca, poderia ter encontrado algo que contradissesse o dogma de sua igreja, mas não estava pronto para aquele conflito.

Mais ou menos nessa época, Kristen e eu estávamos viajando e visitamos um amigo de longa data. Pouco antes, ele se tornara um dos muitos pastores de uma megaigreja que tinha construído, fazia pouco tempo, um prédio de 50 milhões de dólares. Ele estava me mostrando as instalações e, ao apontar o auditório com capacidade para milhares de pessoas, me disse que era preciso arrecadar doações de 250 mil dólares por semana para manter o funcionamento da igreja.

Tive uma reação visceral àquele número. Precisei me manter firme. Senti como se sufocasse. Penso naqueles pastores e em todo o dinheiro que eles têm que arrecadar.

Como você pode crescer, mudar, aprender e se expandir com esse tipo de pressão?

E se um dos pastores dissesse naquela igreja:

— Ei, tenho repensado algumas coisas...

Não é assim que se mantém uma arrecadação de 250 mil dólares por semana. Você o faz repetindo o que todos já sabem. Você o faz garantindo aos doadores que não está mudando.

Era como se os líderes espirituais com quem eu me encontrava assumissem uma expressão vencedora aos domingos para manter o emprego e, então, a removessem para conversar honestamente comigo a respeito do que estavam aprendendo, como estavam mudando e o que realmente os iluminava.

Eu sabia que não seria capaz de fazer isso. Estava muito claro para mim. Eu não conseguiria viver dividido.

Eu iria atrás do que estava descobrindo até onde aquilo me levasse, seja lá o que isso significasse. Kristen e eu conversávamos com frequência a respeito dos custos, dos riscos e do que tudo poderia significar. Não sabíamos aonde aquilo nos levaria, apenas que era o único caminho a seguir.

Quando estava dando entrevistas, esse assunto costumava aparecer. O entrevistador perguntava algo como:

— Você é um líder espiritual, mas dá a impressão de continuar crescendo e evoluindo...

Na primeira vez que isso aconteceu, comecei a rir.

— Por que isso é tão engraçado? — a entrevistadora perguntou.

— Porque não é esse o objetivo? — respondi.

Então, ela riu. Ela entendeu. Continuei:

— Quão defeituoso está o sistema quando isso é incomum para um líder espiritual? Não é esse o trabalho? Continuar aprendendo, transformando-se, seguindo para onde o caminho o leva?

Eu sabia que poderia haver mais críticas, rupturas e esse tipo de coisa. Mas eu não conseguiria viver dividido. Precisava seguir para onde tudo aquilo me levasse. E, se mais à frente tivesse que sair, ainda teria a minha integridade, a minha alma. E, é claro, sempre poderia encontrar outra maneira de ser um professor espiritual. Não precisava de um pedaço de papel para fazê-lo.

Continuei lendo a Bíblia e ela continuou me lendo.

APRENDI QUE UM DOS PRINCIPAIS TEMAS NO LIVRO DE LEVÍTICO É A importância de cuidar da Terra de maneira sustentável. Isso está na Bíblia? Voltei ao poema inicial do Gênesis. Sim. Também está lá. A sagrada responsabilidade de cuidar da Terra. Na Bíblia, ter um relacionamento saudável e sustentável com a Terra não é uma causa ou uma agenda política, mas um fato óbvio e inevitável da vida humana. Qualquer visão espiritual saudável da vida começa com a consciência de que tudo está conectado e com o homem tendo uma conexão saudável com a Terra.

Li a respeito do Exílio, em que a tribo judaica é levada em cativeiro para uma terra estrangeira. É uma das principais histórias bíblicas. Um grupo de profetas surge para explicar por que isso aconteceu e uma das principais explicações é: *Vocês não deram à terra o descanso que ela precisava.*

Incrível. A razão dada para a destruição da economia, da cultura e das estruturas políticas de uma tribo foi que ela não vivera na Terra de forma sustentável.

Era interminável. Eu via algo novo, seguia aquilo, e isso me levava a outro lugar novo, que se conectava com outra verdade. Então, finalmente, eu ministrava um ensinamento sobre aquilo.

O Exílio não era algo com o qual eu estava familiarizado. Contudo, eu conhecia aquele sentimento de estar longe de casa. O lar pode ser tanto geográfico quanto um estado do coração. Você pode estar no mesmo lugar em que sempre esteve e, no entanto, sentir-se deslocado. Quanto mais eu lia, mais entendia quão fundamental o exílio é, não apenas na Bíblia mas também para a história da humanidade.

Li mais a respeito dos profetas, esses poetas e sábios que falaram todo tipo de verdade ao poder. Outra maneira que eles usaram para explicar o exílio da tribo foi a existência de uma diferença cada vez maior entre ricos e pobres naquela sociedade. Sempre que isso acontecia, todo o sistema corria o risco de implodir.

Muitas vezes, profetas como Amós advertiram:

— *Se cada vez mais riqueza acabar em um número cada vez menor de mãos, todos sofrerão.*

Como eu tinha deixado isso escapar? Como tanta gente deixou escapar? A Bíblia conta uma história muito antiga de um pequeno grupo de pessoas e, no entanto, ao mergulharmos nela, as implicações e os *insights* são inesgotáveis para o nosso mundo e tempo.

Os profetas me ajudaram a entender os ensinamentos de Jesus. Ele vem dessa mesma linhagem de profetas que desafiaram as políticas e práticas corrosivas do império, anunciando uma nova visão para a humanidade baseada não em ganância e violência, mas em generosidade e compaixão para com os vulneráveis.

E, assim por diante, tudo ganhava vida, mostrando-me que o que é político também é espiritual — não há divisão —, e a forma como nos organizamos em sociedades e nações flui naturalmente dos impulsos espirituais mais profundos, que às vezes são mais difíceis de identificar, mas são tão reais quanto qualquer coisa que você consiga ver.

E então o presidente George Bush pousou no convés daquele porta-aviões, declarou que a missão estava cumprida e citou um versículo da Bíblia.

FOI NAQUELE DIA QUE ME RADICALIZEI. AOS POUCOS, EU ME SINTONIzava com as tendências espirituais presentes em todas as nossas relações — de indivíduos a nações —, mas uma luz se acendeu: algo estalou em mim quando ele pousou naquele porta-aviões.

A Bíblia foi escrita por pessoas que viviam no Oriente Médio, que fora conquistado por uma superpotência militar após a outra. Os egípcios, os babilônios, os assírios, os romanos. A tribo judaica estivera na mira de uma quantidade terrível de violência imperial repetidas vezes.

Por causa dessa opressão frequente, os autores da Bíblia desconfiavam muito dos impérios dominantes. Há um versículo em Salmos sobre como *alguns confiam nos seus carros de guerra.*

Esse versículo resume perfeitamente os intensos sentimentos negativos dos autores da Bíblia. Aqueles que confiam nos carros de guerra são os opressores, os violentos, os conquistadores, que dominam a todos em seu caminho.

E, na Bíblia, você sempre encontra advertências sobre o que acontece quando esses impérios pegam em armas. Eles não se fartam da necessidade insaciável de expansão. Essa é a energia espiritual distorcida do império: nunca é o suficiente.

Percebo como o contador de histórias do livro dos Reis quer que saibamos que o rei Salomão estava construindo um templo usando trabalho escravo. Esse povo foi escravo no Egito — essa é a base da principal história do livro do Êxodo —, e o seu Deus o libertou e depois lhe deu uma nova maneira de ser uma nação, não oprimindo nem escravizando outros, e sempre zelando pelas viúvas, pelos órfãos e pelos imigrantes. Zelando por aqueles que estavam no lugar em que um dia esse povo esteve. *Vocês foram oprimidos e por isso façam sempre o possível para aliviar a opressão. Como Deus fez por vocês.* Porém, eles se esquecem da história de seu povo e, em poucas gerações, passam a construir um templo para reverenciar o Deus que resgata as pessoas da escravidão usando... escravos.

Esse é um momento importante na Bíblia. Eles se tornaram o novo Egito, esqueceram-se da história do seu povo e viraram os opressores. É uma história bastante política, o que significa que é uma história muito pessoal.

Desconfie da construção de impérios, porque o acúmulo incessante de riqueza e poder destruirá sua alma. Não se torne indiferente ao sofrimento dos outros, porque você se perderá durante o processo, levando a mais aflição para todos. Nunca se esqueça da graça que foi mostrada a você; nunca se esqueça da libertação que você experimentou. Sempre a estenda aos outros, porque, ao fazer isso, você mantém sua própria história viva.

A leitura atenta desses textos antigos significa um encontro com eles. Isso é o que acontece inevitavelmente. Você os lê e então eles leem você.

Eu começava a vislumbrar por que essa tradição específica fora tão perigosa e contestadora ao longo dos anos. Em geral, a história é contada pelos vencedores: são deles as narrativas sobre suas vitórias com a ajuda de seus deuses. No entanto, a Bíblia é diferente. É uma série de poemas e histórias contados por pessoas que foram subjugadas muitas vezes. Em vez de falarem incessantemente sobre sua grandeza, esses escritores foram mestres da autocrítica. Seus heróis são imperfeitos, suas histórias são brutalmente honestas, seus líderes são apresentados como são. Salomão é um traficante de armas, é o novo Faraó e está construindo outro Egito. O rei Davi é um sanguinário. E assim por diante, com advertência após advertência contra a cobiça e a indiferença do império, que dividia o mundo para dar muito a poucos, enquanto o restante ficava cada vez com menos.

Eu sentia como se tivesse entrado em uma conspiração. Como esse livro perdera seu poder e sua pungência para tantas pessoas? Como os líderes espirituais conseguiram torná-lo tão chato? Como ele se tornou para tantos algo diferente de um manifesto completo em prol de um mundo novo e melhor?

Fiquei emocionado ao notar que essa coleção antiga de poemas, cartas e histórias é mais revolucionária e perigosa do que qualquer um imagina...

Trata de alimentos, terra e prática econômica que beneficiam a todos. A justiça é o tema dominante, que diz respeito a todos terem o suficiente. Há uma passagem no final do livro de Levítico que ordena que todas as dívidas sejam perdoadas a cada sete anos, para que assim qualquer um em qualquer lugar tenha um recomeço. A sociedade inteira fica com o passado limpo a cada sete anos.

Ainda em Levítico, há outro comando que diz que, quando alguém estivesse colhendo sua safra, precisaria deixar uma parte do campo para o órfão, a viúva e o imigrante, assim todos — sobretudo aqueles que viessem de outro lugar — teriam o suficiente para comer.

São ideias radicais sobre como organizar uma sociedade. São expostas detalhadamente em livros com milhares de anos. Lendo esses textos antigos, não pude deixar de notar quanto eles podiam ser associados ao império americano no mundo atual e sua insaciável necessidade de expansão, seus carros de combate, seus aviões de caça F-14, seus porta-aviões e seus ataques com drones. Os Estados Unidos são o maior vendedor de armas do mundo. Os Estados Unidos possuem bombas atômicas suficientes para destruir o planeta *mais de uma vez.* Na história mundial, os Estados Unidos foram o único país a lançar uma bomba atômica em outro país.

E os Estados Unidos fizeram isso duas vezes. O país agora é responsável por decidir quem pode ou não ter bombas atômicas. Os Estados Unidos possuem cerca de oitocentas bases militares espalhadas pelo mundo. A Grã-Bretanha, a França e a Rússia têm cerca de trinta bases militares fora de suas fronteiras. Os Estados Unidos têm cerca de cinco por cento da população mundial e dispõem de cerca de quarenta por cento do total de armas. Recentemente, os Estados Unidos lançaram 26.171 bombas em um ano. Quando os norte-americanos se reúnem e cantam o hino nacional, há um verso a respeito de *bombas explodindo no ar*. A glorificação das armas e da violência é parte indissociável da canção de origem norte-americana. O imenso motor econômico norte-americano, que chega até os confins do planeta, foi construído à custa de escravos. Mesmo a descoberta da América não foi uma descoberta. Já existiam povos ali, que foram sistematicamente massacrados e marginalizados na sede incessante e insaciável por mais: mais terra, mais riqueza, mais expansão.

Na Bíblia, existem aqueles que *confiam em carros de guerra*. Os Estados Unidos *são os que têm os carros de guerra*.

Não é à toa que tantos americanos interpretem errado a Bíblia. Se você é um cidadão da superpotência militar global mais poderosa que o mundo já conheceu, o que você faz com um livro que critica implacavelmente as superpotências militares poderosas?

Ou você ignora esse livro; ou o leva a sério; ou o transforma em belas parábolas a respeito do coração humano; ou então o converte em algo sobre o que acontece quando morremos ou quando o mundo acaba, em outro tempo e lugar.

Foi isso que aconteceu para muita gente com o livro do Apocalipse, o último da Bíblia. Ele é, na verdade, uma carta escrita por um pastor em exílio político para os membros de sua igreja, que viviam sob um império sufocante. Ele escreveu em um gênero específico de poesia política, tentando ajudá-los a ver as forças espirituais agindo sempre que o império ganhava importância, esmagando a todos em seu caminho. Escreveu para abrir os olhos deles para a profundidade da experiência que estavam tendo, ajudando-os a enxergar a atuação das forças maiores. Ele não escreveu sobre um dia no futuro, milhares de anos depois, quando o mundo poderia acabar. Escreveu para pessoas reais, em uma situação real, oferecendo-lhes objetividade, coragem e esperança para permanecerem fiéis a outra maneira de serem humanos.

Foi assim que o movimento de Jesus começou, como resistência ao dominante Império Romano da época. Os primeiros discípulos de Jesus sabiam exatamente o que estavam fazendo, articulando uma nova maneira de serem humanos, livres dos intermináveis ciclos de violência e opressão que subjugaram pessoas por séculos.

Por isso, quando o presidente dos Estados Unidos da América, a superpotência militar mais poderosa que o mundo já conheceu, pousou em um porta-aviões e proclamou a vitória militar sobre uma nação do Oriente Médio, vi aquele evento como mais um capítulo de uma história muito antiga sobre os efeitos corrosivos do império.

E então o presidente citou o livro de Isaías. De todos os livros, aquele. *Isaías.* Isaías foi o profeta que escreveu ao seu povo no exílio, dando-lhe uma visão do futuro depois que fosse libertado do império que o subjugara e oprimira. Ele ofereceu ao seu povo uma visão imaginativa e vigorosa de um novo dia, em que as pessoas transformariam suas espadas em arados, para que pudessem cultivar a terra, livres de derramamento de sangue, enquanto construíam um mundo melhor, de paz e justiça.

E naquele momento o presidente americano citava aquele exato texto no convés de um porta-aviões para celebrar uma vitória militar.

Depois de assistir àquele discurso, fiquei furioso e também confuso, não só a respeito do discurso em si e da guerra mas também a respeito da palavra *cristão.* Eu estivera me debatendo com aquela palavra por anos. Tinha conhecido muitas pessoas que se denominavam cristãs mas não se assemelhavam em nada com Jesus. Porém, tinha conhecido tantas outras que nunca haviam usado essa palavra para se descrever e, no entanto, me mostraram de muitas formas como é o caminho de Jesus.

Como rótulo, a palavra simplesmente não funcionava bem. E existia toda a cultura construída ao redor daquele mundo: livros, músicas, filmes, programas, redes de comunicação e organizações. Tanto disso e tão tosco. Como se fosse uma palavra colada nas coisas para que se fizesse vista grossa para quão raso, medíocre e impotente tudo aquilo era.

Durante anos, fiquei irritado com o uso da palavra *cristão*. Às vezes, parava de usá-la. Voltava depois, mas com uma série de ressalvas e adjetivos, para que as pessoas soubessem o que eu queria e não queria dizer ao proferi-la. Era exaustivo e embaraçoso.

Mas aquilo era diferente. Era histórico, sistêmico e errado em um nível muito mais profundo do que apenas palavras e adjetivos.

Havia uma imensa subcultura religiosa cristã que reivindicava o presidente Bush como um dos seus, que o havia ajudado a se eleger e a se reeleger, e que foi implacável e cega em seu apoio a uma guerra tremendamente injusta, que causaria um sofrimento incalculável por gerações. Os seguidores alegavam levar a Bíblia a sério, mas tinham caído na antiga sedução que vimos tantas vezes. A do império. Eles estavam muito enredados, apoiando ativamente a mesma causa de Jesus ao libertar aquelas pessoas. Mas, na Bíblia, aquele não era o caminho de Cristo. É o caminho considerado de *anticristo*.

A guerra no Iraque e o apoio cego a ela por pessoas que se diziam discípulas de Jesus revelaram uma falência espiritual no cerne da cultura cristã dominante nos Estados Unidos.

Frequentemente, cogitei me afastar de tudo. Era tentador. Parar de ministrar ensinamentos sobre Jesus, parar de ler a Bíblia, parar de fingir que restara algo de bom naquela tradição.

Mas não consegui. Há muita verdade, muito poder, muita sabedoria nesse movimento antigo para eu me afastar dele apenas porque a máquina religiosa e militar americana perdera o rumo.

Eu não precisava me afastar do que moldou e fortificou minha vida de inúmeras maneiras porque alguém, em algum lugar, a depravou e blasfemou. Eu podia apostar nisso.

EU TINHA QUE DIZER ALGUMA COISA. TINHA QUE MINISTRAR AQUELES ensinamentos. Tinha que mostrar às pessoas que o monólito gigante que afirmava ser a voz cristã do mundo saíra dos trilhos. Eu era só um pastor de trinta e poucos anos, no Centro-Oeste americano, mas estava animado.

Continuei ministrando ensinamentos, trêmulo, certo de que aquela guerra iria assombrar o mundo por muitos anos...

Perto do fim daquela reunião com os pais cujo filho estava lutando no Iraque, o pai disse algo bem marcante. Ele falou dos iraquianos e da necessidade de eles serem libertados. Preocupado, ele queria saber se os Estados Unidos seriam responsabilizados se não enviassem tropas para lá e destituíssem o líder do país. Também queria saber se os Estados Unidos seriam julgados se não usassem todos os seus tanques, aviões e armas para derrotar ditadores diabólicos.

Ahhhhhhhhhhhh, aí está, pensei. *Esse é o problema. Bem aí.*

Eu estava pensando nos escritos de Isaías, que refletem o pensamento de diversos profetas judeus revolucionários. Eles insistiam que *a crise real no coração da humanidade é a falta de imaginação.*

Existem esses padrões de comportamento, o jeito como as coisas são feitas há milhares de anos, que nos mantêm presos aos mesmos e velhos ciclos de violência e vingança. É necessária a imaginação para nos libertar. Ter novas ideias, novas visões, novas soluções para nos libertar de escravizações repetidas e antiquadas.

Foi o que percebi na preocupação do pai. Uma suposição — tão arraigada que não era questionada — de que a mudança — mudança de regime, mudança política, libertação — só poderia acontecer com uma ação militar coercitiva. Por meio da violência.

Esse é o mito da violência redentora, que existe desde sempre. A crença de que, quando alguém prejudica você, a melhor resposta é a retaliação. Eles nos bombardeiam, então nós os bombardeamos. O que nunca torna as coisas melhores. Esse é o mito que mantém a violência em circulação. Ela vai e vem, sem que haja nenhum aprendizado. Esse é o cerne da questão, bem aí. A falta de aprendizado, de um novo pensamento, de imaginação. Não há outra maneira de mudar o mundo?

Essa é a verdade revolucionária no cerne da história de Jesus. Ele é crucificado por insistir que existem outras maneiras de mudar o mundo: com amor, solidariedade, generosidade, compaixão, orando pelos inimigos. Esse tem sido o poder dos ensinamentos de Jesus há mais de dois mil anos. Ele insiste que a violência pode acabar. Não temos que viver desse jeito.

Podemos dar um basta na vingança, no derramamento de sangue e em todas as respostas que só mantêm todo sofrimento em circulação. Existem outras forças em ação no mundo, mais duradouras e poderosas.

Insistir que as coisas são assim mesmo é deixar de ver que a grande dádiva da existência humana é seu poder de mudança.

INSISTIR QUE O MUNDO FUNCIONA ASSIM MESMO É PERDER A ALEGRIA que surge por acreditar que as coisas mudam quando as pessoas decidem que o mundo pode funcionar de outras formas.

Quando eu desabei e comecei a fazer terapia, isso pareceu um convite. Como se eu tivesse sido convidado a seguir a raiva, o sofrimento e a angústia aonde quer que me levassem, confiando que aprenderia, cresceria e seria melhor por causa daquilo.

Naquele momento, eu vislumbrava um convite para pensarmos no mundo de uma maneira totalmente nova. Partiu meu coração ver pessoas presas nos mesmos e velhos padrões de violência e dominação. Muitas vezes me disseram que meus ensinamentos sobre o amor e a não violência eram interessantes, mas não refletiam como o mundo real funcionava. Eu sorria e dizia:

— O que você quer dizer com 'mundo real'? Por que não cabe a nós criá-lo? Não podemos definir o que é o mundo real? Quem disse que não podemos fazer algo novo?

Tudo está conectado. Pequenos movimentos aqui podem causar grandes mudanças ali. Quem sabe o poder que temos para levar as coisas para novas e melhores direções?

Isso era o que a antiga tradição de onde vim estava fazendo em mim: abria novas possibilidades ao desafiar o pensamento dominante do mundo ao meu redor.

Mostrava-me como, no fim, os carros de guerra e as bombas são impotentes. Mostrava-me como o amor realmente vence. Eu estava me radicalizando e aquele era só o começo.

Comecei a frequentar uma academia de boxe.

EU TINHA OUVIDO FALAR DE UM BOXEADOR PROFISSIONAL APOSENtado chamado Frank Perez Jr., dono de uma academia de boxe no centro da cidade. Ficava no andar de cima de uma oficina mecânica. Para chegar lá, era preciso subir uma escada estreita e rangente. Um pôster de Muhammad Ali estava fixado na parede, com sua citação sobre ser veloz. Ele afirmara que, quando apagava a luz à noite, estava na cama antes de o quarto escurecer.

Em outra parede, a frase: *Quanto mais você suar, menos você vai sangrar.*

Eu chegava perto do amanhecer e Frank estava ali a postos em seu conjunto de moletom. Frank usava a expressão *velha guarda* sem ironia. Ele me fazia pular corda, esmurrar o saco de pancada, fazer flexões, socar o saco de velocidade. Às vezes, ele passava uma corda diagonalmente pelo ringue e me fazia treinar contra um inimigo imaginário por cima e por baixo dela, de um lado para o outro. Quando ficava especialmente brutal e eu ficava sem fôlego, ele sorria e dizia:

— Velha guarda.

Eu adorava a sensação de dar um soco. Adorava a sensação de ficar mais forte. Adorava fazer aquele trajeto de manhã cedo, subir os degraus, passar por aquilo. Havia algo de empoderador nisso; era do que eu precisava naquele momento.

Certo dia, eu estava em uma reunião quando a mulher sentada à minha esquerda deslizou uma pilha de papéis para mim. Bati o olho e comecei a ler a folha de cima.

Era um parágrafo sobre mim. E não era bom. Era cruel, muito cruel. Quem escreveu aquilo não gostava de mim. Havia outro abaixo dele, que eu li. Era ainda pior. Aquele era pessoal.

Era sobre meus filhos. *O que é isso?* Continuei lendo. *Ah, entendi. São resenhas do livro.* A mulher sentada ao meu lado tinha copiado e colado resenhas negativas da internet sobre meu primeiro livro, que eu acabara de lançar.

Várias resenhas nem o mencionavam. Falavam apenas de mim. De como eu era perigoso, como eu não entendia algo. De como estava desencaminhando as pessoas.

Fiquei um pouco zonzo, não conseguia entender. Meu corpo ficou dormente.

Quis repassar cada coisinha em cada uma das resenhas. Quis ignorá-las. Quis ver se havia algo que pudesse aprender com elas. Quis encontrar cada uma das pessoas e dissuadi-las pessoalmente. Quis distribuir socos.

Fiquei transtornado. Todas aquelas reações estavam lado a lado dentro de mim.

Aos poucos, reencontrei meu equilíbrio. Voltei para as resenhas. Voltei a reparar que apenas algumas delas realmente mencionavam o livro.

Percebo agora, anos depois, o que acontecia comigo. Algo em mim estava morrendo, e precisava morrer. Uma visão, uma crença, um entendimento, um desentendimento; fosse o que fosse, estava morrendo.

Em algum ponto, eu tinha assimilado a crença de que meu trabalho era levar as pessoas de onde elas *estavam* para onde *deveriam* estar. De um lugar para outro, para um lugar melhor. De A para B. *Daqui* para lá.

Lembro-me de ter pensado: se eu conseguisse deixar as pessoas mais — e eu sempre preenchia o espaço depois de *mais* com novas palavras — abertas, criativas, compassivas, destemidas, urbanas, globalmente conscientes, ambientalmente sensíveis ou comprometidas com a missão ou... A palavra mudava constantemente, mas o impulso era o mesmo; ajudar as pessoas a passarem de onde *estavam* para onde *deveriam estar*.

Eu adorava o trabalho que estava fazendo; ele me trazia muita alegria. Porém, outro impulso também estava à espreita.

A crença de que era minha a missão de fazer acontecer aquela mudança específica, aquele movimento, aquela transformação. Quando você quer que outra pessoa esteja em outro lugar e enxerga como sua a missão de endireitá-la, torná-la acessível, ou ajudá-la a alcançar aquilo, há um peso que vem junto. É desgastante.

A suposição óbvia era que eu estava nesse outro lugar, próximo e melhor. Que eu conseguia entender, que estava à frente. Que minha tarefa era acender as luzes para as outras pessoas conseguirem entender *como eu*.

Por que elas não enxergam?, era a pergunta. Elas não precisam ser infelizes, elas poderiam me ouvir, e então seriam mais felizes e mais iluminadas. *Por que elas não conseguem entender? Você sabe, assim como eu.* Há muitas falhas aqui, mas por trás de todas está a ilusão de que podemos mudar as pessoas.

Foi o que as resenhas fizeram comigo: elas me ensinaram meus limites.

Não podemos controlar os resultados do nosso trabalho. Não conseguimos decidir como as pessoas vão nos responder. Uma quantidade espantosa do efeito de nossas iniciativas está fora do nosso controle.

No início, claro, presumi que fosse eu. Se eu fosse mais persuasivo, mais esclarecido, mais articulado, se levasse ainda mais a sério, se fosse mais disciplinado, mais forte, se estivesse em melhor forma...

Ao nos depararmos com nossa impotência, muitas vezes a primeira convicção é *Se eu fosse mais poderoso...*

No entanto, esse não é um obstáculo que superamos, mas uma verdade com a qual fazemos as pazes.

EU ESTAVA COMEÇANDO A APRENDER ISSO...
E então descobri os átomos. A curiosidade é um grande mistério: por que certas coisas nos prendem e outras não. E a física quântica me prendeu e me ajudou a deixar morrer o que precisava morrer.

Primeiro, foram os átomos: porque tudo é constituído de átomos. Eu tinha ouvido isso antes, em aulas de ciências etc. Porém, até que se esteja pronto para entender, tudo são apenas palavras, fatos, ideias, coisas que os professores estão dizendo. Não é *pessoal*.

Acontece que os átomos são pequenos. Um átomo de hidrogênio tem menos de 0,0000000106 cm de diâmetro. Um átomo é menor que uma bola de golfe, assim como uma bola de golfe é menor que a *Terra*. Um único grão de areia contém um milhão de trilhões de átomos. Meio milhão de átomos tem a largura de um fio de cabelo humano. *Pequeno demais*.

Aprendi que os átomos são constituídos de coisas ainda menores chamadas *partículas*. As partículas são pequenininhas. E muitíssimo estranhas.

Há partículas que existem e depois desaparecem. Num instante estão aqui e em seguida não mais. E não se sabe de onde elas vêm nem para onde vão. Algumas partículas existem e deixam de existir em 0,000000000000000000000001 de segundo.

Uma partícula é o elemento mais básico que se conhece do universo, e o que se sabe hoje é que as partículas existem, depois não, e não se sabe como, onde ou por quê.

A essa altura da vida, eu era um pastor de trinta e cinco anos, com uma família, responsabilidades e todo o resto, e em cada momento que podia, devorava livros de teoria quântica e física sobre partículas. Tentando absorver o máximo possível.

Tudo é constituído de átomos, que são constituídos de partículas, e as partículas são fragmentos minúsculos de energia que vêm e vão, aparecem e desaparecem, bilhões e bilhões de vezes por segundo.

Até hoje, os cientistas identificaram mais de 150 partículas.

Até hoje.

Elétrons, prótons, nêutrons, bósons, múons, glúons, quarks *up* e quarks *down*, quarks *bottom* e quarks *top*, mésons, píons, léptons, e a lista continua porque novas partículas ainda serão identificadas. Quanto mais fundo e de modo específico adentramos no assunto — imagine como quiser —, melhor entendemos que os elementos mais básicos que se ligam para formar tudo podem ser infinitamente divididos e desmontados.

Tudo é constituído de átomos, e os átomos são constituídos de partículas, e as partículas são fragmentos rodopiantes de energia e possibilidades, que se movem sem nunca parar.

As partículas são pequenas e também são rápidas.

Um único elétron pode dar 47 mil voltas por segundo ao redor de um túnel de seis quilômetros. Rápido demais.

Há partículas chamadas *neutrinos,* que vêm do Sol. Cerca de 50 trilhões delas passam por você *a cada segundo.* Rápido demais.

Mas não se trata apenas do fato de que essas partículas se movem de maneira constante e rápida, trata-se de como elas se movem.

Algumas partículas desaparecem do ponto A para reaparecer no ponto B *sem percorrer a distância entre eles.* Além de seu tamanho e da inexplicável forma como se movem, há ainda a imprevisibilidade desse movimento.

Você está ao lado de um carro, olha pela janela e vê o seu reflexo. Parece familiar? Claro. Partículas solares estão atingindo o vidro, sendo que algumas passam por ele e outras não, ricocheteando. É assim que você consegue se ver. Bastante simples.

Mas por que algumas partículas passam e outras ricocheteiam? Não se sabe. Pode-se prever, calcular probabilidades e fazer muita coisa com elas. No entanto, há uma imprevisibilidade embutida em tudo. Algumas vezes acontece e outras não.

Nunca me saí bem em ciências. No segundo ano do ensino médio, lembro-me que estudava para a prova de química da sra. Hapkiewicz e não entendia nada. Fiquei intimidado e entediado. Tudo parecia muito chato e sem vida para minha mente pequena. Fórmulas, cálculos, números. Teve muita coisa ali que eu deixei escapar.

Mas aquilo — átomos, partículas — era ciência? Porque era empolgante. Era uma verdade.

Essa é a melhor maneira que posso descrever como me senti. Era uma verdade. Como se eu tivesse sentido aquilo o tempo todo.

A cadeira em que você está sentado, o carro que dirige, as roupas que está usando: tudo é constituído de átomos. E os átomos são relações de energia.

Acontece que concretude não é tudo o que parece ser. Essa foi a verdade revolucionária para mim, aquela que revelou tudo.

Concretude — a realidade sólida e material em que você pode confiar porque consegue segurá-la, vê-la e senti-la —, as coisas e a matéria são, no final, relações de energia.

EM ÚLTIMA ANÁLISE, O QUE PARECE SER SÓLIDO NÃO É ASSIM TÃO sólido.

O mundo, o universo, cada um de nós, tudo é uma grande e interminável série de relações? Isso é bem básico para a ciência, mas foi perturbador para mim.

Não foi à toa que eu senti uma energia no solo, na água e no ar nos lugares de onde vim. Não foi à toa que eu sempre senti uma pulsação, um fluxo, uma conexão. Não foi à toa que, desde jovem, percebi que tudo parecia vivo para mim.

Eu ficava ali lendo um livro de física quântica atrás do outro, fazendo conexão após conexão, sentindo como se um mundo totalmente novo estivesse se abrindo.

Muito daquilo me fez lembrar da Bíblia. Naquele poema do Gênesis, havia uma energia pulsando através de toda a criação. Uma energia comunal, relacional e estimulante. A palavra para Deus no poema em hebraico é *Elohim*, que está no plural. Deus é *plural* no poema. Deus — outro termo para isso é *realidade definitiva* — é como uma comunidade de amor. Deus, Espírito, Palavra — todos conectados, relacionando-se mutuamente, um fluxo que entra e sai de tudo. Trindade é a palavra para essa natureza comunal de Deus. Há um fluxo trinitário em plena atividade em tudo. E, nesse poema do Gênesis, o poeta quer que saibamos que os seres humanos refletem essa energia comunal. E é claro que refletimos. Almejamos por uma conexão mútua e com tudo; somos infelizes sem isso. Não conseguimos deixar de fazer coisas. Nunca paramos de falar e cantar sobre o amor. Milhares de anos atrás, os poetas assimilavam o que os cientistas hoje em dia estão nos dizendo. O que achamos durante muito tempo que era uma coisa material, fixa e sólida, feita de concretude, é *relacional* em sua essência.

Não foi à toa que, durante algum tempo, toda aquela teologia sistemática pareceu interessante para mim, mas também sem vida. Não era à toa que eu sentia tanta dissonância sempre que as pessoas queriam que eu fizesse afirmações bem definidas, garantidas e simplistas sobre aquilo em que eu acreditava, como se isso fosse a forma mais elevada da verdade. Como se fosse para isso que estamos aqui. Como se fosse esse o objetivo. Tudo é relação, e o que você faz em uma relação é *entrar*.

Meu aprendizado foi prosseguindo. Algumas partículas estão ligadas e então se separam. Depois disso, demonstram uma consciência do que a outra partícula está fazendo sem a necessidade de nenhuma comunicação entre elas. Isso é chamado de *emaranhamento.*

Elas já estiveram juntas e agora não estão, mas ainda estão de olho uma na outra, sem estabelecer nenhuma comunicação. O quê?

Os *o quê?* continuaram vindo. À medida que se desmontam as coisas que tornam este mundo aquilo que você e eu sabemos ser um lar, tudo fica mais estranho. Leio cientistas que muitas vezes afirmam que, se você está estudando física quântica e não se choca, então não está estudando física quântica.

Tudo é constituído de átomos, e os átomos são constituídos de partículas, e as partículas são fragmentos de energia que se movem de uma forma para a qual não temos categoria...

Quando uma partícula se desloca, parece que segue todos os caminhos possíveis para chegar ao seu destino, até que seja de novo observada. Nesse caso, ela revela qual foi esse caminho.

Vou escrever isso de novo, mas não vai deixar de ser estranho. Até ser observada, uma partícula segue todos os caminhos possíveis ao mesmo tempo e, então, revela qual o caminho que realmente percorreu.

Muito estranho. O ato de observação obriga a partícula a escolher uma das infinitas possibilidades. Observar a partícula muda seu movimento. Medir a partícula altera o que ela faz. Ver a partícula afeta o rumo que ela toma.

Fui criado em um mundo moderno, que me ensinou uma visão específica das coisas com base em assuntos e objetos: há um mundo fixo e definido *lá fora*, fazendo o que faz, e então existem nossos pensamentos, nossas observações e nossos insights, que são independentes de tudo isso.

Você observa. Mede. Anota. Percebe. Vê.

O que tiver de acontecer acontecerá, você estando aqui ou não, testemunhando ou não, estudando, anotando, aprendendo, observando ou não.

Há o sujeito e o objeto, e há uma diferença clara entre os dois.

Existe uma linha e você está deste lado vendo, e o que você está vendo está ali fazendo o que quer que seja, do outro lado da linha.

No entanto, agora sabemos que não existe linha.

NÃO HÁ UM "FORA" NO *LÁ FORA*. AO TESTEMUNHAR QUALQUER COISA, você a afeta. Só há uma realidade, e nela tudo está conectado a todo o resto.

O que me lembrou de uma antiga prece judaica chamada "Shema". Está no livro de Deuteronômio, cujo verso fala sobre como o divino é *um*.

Em hebraico, a palavra para *um* é *echad*, que é uma unidade constituída de múltiplas partes. Como uma comunidade unificada.

Todas as divisões ocorrem dentro de uma unidade. Todas as partes existem dentro de totalidades. Todas as totalidades formam um único todo. No fim das contas, o que parece não ter relação com o todo está conectado ao todo.

Até onde me lembro, toda a esquisitice, estranheza e conexão que eu tinha sentido eram, de uma forma difícil de explicar, reais. Verdadeiras. O mundo é muito mais relacional, mais interativo e mais conectado do que qualquer um já tenha me dito.

Eu intuitivamente tinha sentido isso, mas ali aquele sentimento ganhava um significado. Que presente!

Desmonte um átomo e você descobre que ele é constituído de partículas, que são afetadas ao ser observadas.

Há uma frase que usamos quando não vamos participar de alguma coisa:

— Vou ficar fora dessa — dizemos.

Mas a verdade é que *ninguém fica fora.*

Ninguém fica só vendo *o que acontece.* Ver já *molda* o que acontece.

Este universo que chamamos de lar é um fenômeno participativo.

NÓS PERTENCEMOS, TODOS FAZEMOS PARTE, TODOS JÁ *ESTAMOS participando.* Sempre estivemos.

Isso me levou de volta ao anúncio do Evangelho segundo o qual todos são amados, todos fazem parte, e não há nada que se possa fazer para conquistar o que já temos. Era algo em que eu sempre havia acreditado.

Pensei em todas as horas e na energia que despendi me perguntando se eu era bom o suficiente, se fazia parte, se tinha um papel a desempenhar. Vi tudo aquilo pelo que era: *desnecessário.* O ponto de partida é fazer parte. Sempre foi.

Minha vida, meu trabalho, as pessoas com quem eu conversava, o que aprendia sobre átomos e partículas; tudo se unia, se combinava, se misturava e criava algo novo.

Eu tinha ouvido histórias a respeito de um padre irlandês chamado Jack durante anos.

DISSERAM-ME QUE AS PESSOAS O PROCURAVAM PARA OBTER ORIENtação, e ele as ajudava a encontrar o caminho. Ele parecia estar fora de alcance, como se você tivesse que conhecer alguém que conhecesse alguém que conhecesse alguém que conhecesse alguém para encontrá-lo. Para mim, parecia mais um boato ou uma lenda do que um ser humano real.

Mas então conheci uma pessoa que disse que o conhecia. *Então o padre Jack é real?* Fiquei muito animado. *O padre Jack existe?* A pessoa me deu o e-mail dele, então escrevi para o padre Jack perguntando se poderíamos almoçar juntos. Ele respondeu:

— *Sim, se você autografar meu exemplar do seu livro.*

Que resposta! Acontece que ele morava em Dublin. Então marquei um voo.

Eu estava desesperado por ajuda.

Nós nos encontramos e fomos dar uma volta em um jardim de rosas em Dublin. Logo o padre Jack descobriu que viajei até ali só para almoçar com ele. Ele perguntou o motivo e comecei a falar do peso que sentia, de como estava cansado da responsabilidade de tentar ajudar todas aquelas pessoas a se moverem de um lugar para outro. Falei sem parar. Deve ter parecido que eu me achava muito importante.

Quando nos levamos muito a sério, isso atrapalha o que estamos tentando fazer com tanta seriedade.

DEPOIS DE UM TEMPO, O PADRE JACK ME INTERROMPEU. ELE FOI TÃO gentil e tão firme, tão veemente.

Padre Jack me disse que eu tinha um dom a oferecer e que deveria fazê-lo. Segundo ele, era um dom generoso que cada um de nós tinha a oferecer ao mundo, então deveríamos nos cuidar. Para oferecer um dom generoso, deveríamos ser generosos conosco mesmos. E, para oferecer generosamente, deveríamos nos tornar muito bons em receber com generosidade.

Algo assim.

Lembro-me de olhar todas aquelas rosas, do *jet lag* da viagem e de um esgotamento, e então sentir uma serena sensação de alívio.

É um dom? É isso que é? Nossa, aquela palavra me abriu um mundo totalmente novo. De alguma forma, a palavra *dom* me fez ver como estou conectado com todos aqueles átomos e partículas, indo, vindo e rodopiando na glória frenética. E me fez subir a escada da academia de boxe com o desejo de ficar mais forte. Melhor. Mais rápido. O que remontava àquelas resenhas do livro e à minha impotência sobre a reação das pessoas a mim. O que me levou à falta de controle sobre os resultados daquilo que estava tentando fazer.

Ofereça o dom e renuncie ao resto.

ISSO É TUDO O QUE ME RESTA FAZER. OFERECER O DOM. E GOSTAR DE oferecê-lo. *Isso* eu *poderia* controlar, e essa foi a parte que me pegou. Posso controlar *isso*. Não se trata de me esforçar ainda mais, ser ainda mais convincente, ficar em uma forma ainda melhor ou dar um soco ainda mais forte.

Foi tudo muito pesado, ter tentado daquela maneira. Que fardo! Toda aquela seriedade, presunção, a crença de que era minha tarefa levar as pessoas de um lugar para outro. Se a única resposta para alguma coisa for "você realmente precisa fazer mais e se esforçar mais", seu coração acabará se desgastando, junto com seu corpo e sua alma.

Você não terá mais nada a oferecer além do que entregou a si mesmo.

ÀS VEZES, EU FICAVA NO PALCO COM O MICROFONE NA MÃO, OLHANDO para todas aquelas pessoas, e sentia que meu coração não suportaria. Podia sentir o peso coletivo de todos os sonhos, as cicatrizes, as queimaduras e os amores.

Como se fosse uma coisa real, pairando ali no recinto, aquele peso. Podia sentir no meu íntimo o que todos carregavam consigo.

E eu gostaria de ajudar todos eles. Eu me imaginava sussurrando no ouvido de cada pessoa:

— Você é amado. Sempre foi. Que bom que está aqui. Nós precisamos de você. Você não está sozinho. Você vai ficar bem.

Algumas vezes, eu interagia com tantas pessoas, ouvia tantas histórias, ficava exposto ao sofrimento de tanta gente que, ao fim do dia, sentia como se aquilo estivesse preso a mim. Como se tivessem me dado algo que eu deveria carregar comigo. Aquelas experiências me desgastavam. Eu estava fazendo o possível para ajudar o maior número de pessoas que conseguia e fui aprendendo que aquilo não era sustentável.

Mas não conseguia entender o "aquilo". Não conseguia nomeá-lo ou compreendê-lo na minha cabeça. E então o padre Jack disse: "dom". E meu coração disse: *Sim.*

Seu poder é importante.

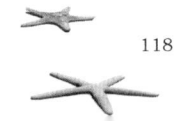

VOCÊ O INVOCA, USA-O, EXERCE-O. VOCÊ SE ELEVA EM SEU PODER E se entrega a quem ama e ao que você está aqui para fazer. Mas então aprende que o poder tem limites. Era a verdade que eu estava sentindo no meu caminho. E, quando você chega aos limites externos do seu poder, encontra sua impotência. Era onde eu estava. E o que aconteceu no jardim de rosas foi que eu recebi uma nova visão de como tudo funciona.

Você começa com o dom de tudo, admira-se e espanta-se de que ainda esteja aqui, vivo e respirando, e ainda consiga fazer isso.

Esse é o ponto de partida, é para onde você sempre volta. É tudo um dom. Você o recebe e depois oferece o que pode.

Você abraça sua impotência, sua incapacidade, sua falta de controle sobre os resultados. Faz as pazes com tudo que não consegue fazer, com seus limites, com todas as pessoas que não pode ajudar.

Oferecer o dom já é recompensa suficiente. É onde está a vida. Onde está a alegria.

E então, além disso, cada resultado, cada pequeno progresso — mesmo apenas uma pessoa que responda ao dom oferecido — tornam-se uma emoção incrível. É um dom bem grande que você esteja aqui e possa se entregar ao que for, a quem for. *E, então, ajudou mesmo? Alguém gostou? Alguém se inspirou?* Você obteve um bom resultado? Incrível. É como acumular graça sobre graça sobre graça.

Padre Jack e eu conversamos pelo resto do dia, e ele continuou sendo gentil, generoso e implacavelmente honesto, e o que sempre voltava para mim era aquela palavra: *dom*.

Receber e depois repassar. Abrindo-me ao poder, à força e à energia muito além de mim, e deixando-os mover-se através de mim.

Senti essa nova vida surgindo dentro de mim. *Não preciso que as pessoas estejam em outro lugar. Posso encontrar todos onde estão. Com amor. Oferecerei o melhor dom que posso oferecer.*

Isso eu posso fazer. Parece divertido e um pouco absurdo. O que me fez lembrar de todos aqueles átomos que eu estava estudando e que me ensinaram como o mundo é estranho.

Estamos em uma rocha, no formato de uma bola, que se move rapidamente pelo espaço? Nossos corpos são substituídos a cada poucos anos? Tudo o que parece sólido é, em última análise, uma série de relações de energia envolvendo átomos, que são espaço vazio na maioria das vezes? As partículas entram e saem da existência e não se sabe realmente para onde vão ou de onde vêm? Cada um de nós é constituído de átomos que costumavam ser outras coisas e outras pessoas, e esses átomos vão nos deixar e vão continuar a ser outras coisas e outras pessoas? E isso está acontecendo o tempo todo?

Eu conseguia sentir uma leveza brotando dentro de mim. Como se a gravidade tivesse um efeito menor do que antes, como se um peso tivesse sido tirado. Como se o divino piscasse para mim e eu tomasse conhecimento da piada aos poucos...

Voltei a ler as histórias de Jesus com um novo olhar. Uma delas diz respeito a pessoas que vão trabalhar em um vinhedo em horários diferentes do dia, mas todas recebem a mesma quantia no final.

Que história estranha. Qual é o ponto? É como se perguntar: *Já entendeu?* Claro que não é justo.

Desde quando a justiça era o objetivo final?

Essa parábola não é um manual de instruções de como administrar adequadamente um vinhedo. É uma parábola de como funciona seu coração.

A graça, o amor e a alegria são injustos. Eles existem em outras categorias.

Esses fenômenos no cerne da experiência humana, que nos enchem de alegria, significado e amor, nunca envolveram justiça. Tampouco fazem sentido. Não determinam quão sério você poderia ser. Ou quão bem poderia provar seu valor. Ou o que poderia realizar. Ou o que você poderia levar as pessoas a fazer.

Todos os trabalhadores recebem a mesma quantia porque você não pode dividir o infinito. Então entendi por que sempre todos aqueles iogues, budas, monges, freiras, sábios e gurus estavam sorrindo.

Essa experiência que estamos tendo aqui, esse acontecimento no qual nascemos, é séria, profunda e fundamentalmente errada. Esquisita. Estranha. *Entrelaçada. Conectada.* Não segue nenhuma das regras que achávamos que existiam de como isso funciona. Uma partícula desaparece em um lugar e aparece em outro sem percorrer a distância entre eles.

É como se tudo estivesse piscando para nós.

Aqueles que nos movem, nos inspiram, nos estimulam fazem parte da piada.

É assim que eles são capazes de nos ajudar como ajudam; eles fizeram as pazes com o quão absurdo tudo é. Eles não se levam muito a sério e é por isso que têm um efeito tão sério sobre nós.

Eles sorriem. Caminham vigorosamente pelo jardim de rosas, com a convicção de que tudo é uma questão de oferecer o dom mais generoso que você puder. Eles não estão aqui para provar algo, porque esse nunca foi o objetivo. São aqueles que não precisam vencer, porque isso nunca foi um jogo. Eles são os que realmente perturbam. São os perigosos.

Eu tinha vivido com o peso de tentar despertar as pessoas para os perigos do império americano, para a crise dos cuidados com a Terra e para a necessidade de prosseguirmos na nossa jornada interior para lidar com nossos problemas. Eu tinha carregado esse fardo. Falava seriamente como eu estava aqui para mudar o mundo. Tinha lido aquelas resenhas e quem me dera poder vencer cada uma delas, uma por uma.

E, mesmo sendo estimulante e significativo, era tão exaustivo. Absolutamente exaustivo. Essas questões são mais urgentes e importantes do que nunca, eu acreditava. E então começava a ver que existem outras maneiras de compartilhar essas convicções, outras energias para me envolver, outras formas de fazer a minha parte, de levar tudo adiante...

Foi esta palavra: *dom*. Átomos e partículas, girando e rodopiando, mantendo tudo em movimento. Tudo é um dom absurdo, exagerado e ridículo. Estar aqui. Eu começava a entender quantas verdades só podem ser comunicadas por meio de parábolas, poemas e histórias surreais e sem sentido, mas que o coração sabe que são verdadeiras de uma maneira muito difícil de descrever. Eu começava a sentir que fazia parte da piada. Começava a sentir que tudo era um convite infinito. E você diz sim. Várias e várias vezes. E então você convida os outros a dizer sim com você.

Em abril de 2011, Kristen e eu estávamos em uma festa em Nova York. Então, um homem se aproximou e começou a conversar conosco. Ele era encantador e gentil, e me fez muitas perguntas. Algo nele me era familiar, mas não consegui identificar o quê.

EU ESTAVA GOSTANDO DE CONVERSAR COM ELE. ERA COMO REENCONtrar um amigo de quem você não tinha notícias fazia anos. Voltei a ouvir seu nome. *Carlton.*

Ah, sim. Eu soube quem era: Carlton Cuse. Ele tinha feito a série de TV *Lost*. *Esse* Carlton Cuse. Não esqueço sua curiosidade: era maravilhosa e muito contagiante. Como se ele fosse um mestre *e* um aluno, ao mesmo tempo.

Era um pouco estranho para Kristen e eu estarmos naquela festa, em parte porque os meses anteriores tinham sido um turbilhão, diferentemente de tudo o que já tínhamos visto.

Eu havia escrito um livro, lançado dois meses antes, o meu quinto. Já tinha passado por aquilo, mas era diferente com esse livro.

Havia mostrado as primeiras versões do livro a alguns amigos enquanto estava trabalhando nele. Eles reagiram intensamente. Meu amigo Mark e eu comíamos burritos quando ele disse:

— Este livro vai mudar tudo. Tudo em sua vida será dividido entre antes e depois do lançamento dele.

Não soube como reagir àquilo.

Outro amigo, Zach, do Arizona, estava me visitando e eu li um trecho do primeiro capítulo para ele em voz alta. Ele ficou balançando a cabeça enquanto eu lia, repetindo baixinho:

— Bola de demolição, bola de demolição.

— O que você quer dizer com bola de demolição? — perguntei. Zach sorriu e respondeu:

— Este livro vai ser muito perturbador.

Kristen, é claro, estava bem à frente, como sempre e disse várias vezes:

— As pessoas vão falar sobre este livro.

E, então, em um sábado de fevereiro, à noite, dois meses antes da data marcada para o lançamento do livro, meu amigo Dan me enviou uma mensagem de texto dizendo que eu era *trending topic* no Twitter. Aquilo era novo. Tínhamos feito um trailer para o livro, que fora postado por alguém antes do planejado. As pessoas estavam opinando sobre ele e sobre o livro — *Um livro que não tinham lido.* O editor antecipou a data de lançamento, eu comecei a dar entrevistas e lá fomos nós. Aviões, hotéis, autógrafos e mais entrevistas. E aquela palavra: *controvérsia.* Aonde quer que eu fosse, aquela palavra surgia, repetidamente. *A controvérsia. Lidando com a controvérsia. Você viu essa controvérsia chegando?* Não, acho que não.

Fui caluniado, banido, boicotado. Toda a malignidade usual quando pessoas religiosas defendem seus deuses. Aquilo não era novo nem muito interessante para mim. O que era interessante era como eu me sentia deslocado. Como se usasse um suéter que não cabia. Fiquei emocionado ao ouvir diversas histórias de como o livro estava libertando as pessoas, confirmando as suspeitas que elas guardavam havia anos. Essa parte foi incrível. Mas também parecia que toda aquela controvérsia estava me dizendo algo. Sobre quem eu sou. E o que estou aqui para fazer.

O Espírito costuma estar à espreita naquilo que você mais detesta.

TINHA APRENDIDO ISSO ANOS ANTES COM A IRMÃ VIRGINIA. DIVERSAS vezes, estivera com ela mencionando minha repulsa por uma pessoa, minha frustração com uma situação ou minha animosidade sobre um acontecimento. E então desmembrávamos aquilo juntos e eu enxergava algo novo me esperando para nascer de todo aquele estresse e tensão.

Fui fortalecendo a musculatura, pouco a pouco, para intervir em vez de me afastar. Para ouvir, quando meu primeiro instinto era tapar os ouvidos. Para me tornar acessível, quando queria me fechar.

Assim, como nunca pararam de falar que aquele livro estava causando controvérsia, eu me peguei tentando ouvir de novas maneiras, presumindo que todo aquele barulho estava ali para me ensinar algo novo.

Quando estávamos saindo daquela festa, Carlton me entregou seu cartão e me disse para entrar em contato com ele se eu precisasse de algo. Foi o que fiz. Enviei a ele um romance que havia escrito e perguntei se ele achava que poderia virar uma série de TV, sabendo que ele provavelmente recebia mil pedidos desse tipo todos os dias. Carlton me enviou de volta um link para um artigo intitulado "Não, não vou ler seu maldito roteiro".

Ri muito quando vi aquilo. Mas logo depois ele me mandou outro e-mail dizendo que tinha lido meu romance e, sim, podia haver algo ali...

Quando a energia começou gradualmente a diminuir em torno do lançamento daquele livro, os líderes da igreja fizeram uma pergunta para mim e para Kristen. Éramos próximos de muitos deles e confiávamos neles. Tínhamos passado por muita coisa juntos ao longo dos anos. Disseram-nos quanto éramos amados e bem-vindos na igreja. Por isso, queriam saber o que pretendíamos fazer em seguida. Outro livro como aquele estava sendo preparado? De vez em quando, durante várias semanas, conversávamos sobre como o livro tinha consumido uma quantidade significativa de energia das pessoas que dirigiam a igreja. Se aquilo fosse acontecer continuamente, eles precisariam estar mais bem preparados no futuro.

E agora? A pergunta era muito simples, mas, inesperadamente, nos incomodou. No bom sentido. E não nos deixou em paz. *O que queríamos fazer a seguir?*

Carlton e eu continuamos a pensar na possibilidade de criar uma série de TV juntos; uma que aos poucos passou a não ter relação com meu romance. Redigi as descrições dos personagens e seus arcos dramáticos, as sinopses da trama. Nunca tinha feito nada parecido. Mandei um e-mail para Carlton, rindo de como era estranho fingir que sabia o que estava fazendo.

Num domingo, cerca de um mês depois daquela festa, houve uma cerimônia de batismo na igreja. Eu cumprimentava as pessoas e comemorava com todos, absorvendo tudo. A certa altura do batismo, comecei a chorar. E não conseguia parar. Um choro completo. Alguma válvula tinha se aberto em mim. Era como uma torrente de emoção que parecia não ter fim. Fiquei olhando em volta e me perguntando se as pessoas perceberiam que eu estava *no meio de alguma coisa.*

O que é isso?

Em geral, aos domingos, se eu estivesse naquele recinto com todas aquelas pessoas, estaria falando no palco, o que me exigia uma enorme quantidade de energia e concentração. Ali, tinha feito isso durante doze anos. Porém, naquele domingo foi diferente. Eu estava ali, cercado de pessoas, mas não no palco. Estava circulando, abraçando todo mundo e enxergando de uma nova maneira tudo o que tínhamos criado.

Como se eu pudesse ver do alto, de uma vista aérea. Como quando seus filhos crescem um pouco e, de repente, você vê sua vida junto com eles com novos olhos.

Continuei sentindo aquelas palavras; essa descrição não faz justiça à experiência. Eram palavras, mas foi como se meu corpo as estivesse ouvindo. Eram: *Há uma igreja aqui*. O que eu já sabia. Já fazíamos isso havia algum tempo. Porém, a sensação foi ficando cada vez mais forte. *Há uma igreja aqui*. Quase como *Você não vê?* Foi isso que me pegou. Como se fosse um anúncio decisivo. *Você resolveu começar uma igreja. Você fez isso.*

Era o que parecia. Como um fim. Mas um fim bom. Como se tivéssemos resolvido fazer alguma coisa e a concluíssemos, e agora era hora de fazer a próxima coisa.

Os fins costumam ser ruins. Dolorosos. Embaraçosos. Desagradáveis. Os fins também podem ser bons.

VOCÊ JÁ FICOU MUITO TEMPO EM ALGUMA COISA? UM EMPREGO? UM relacionamento? Um lugar? Quando permanecemos muito tempo, o que poderia ter sido uma *graduação* pode facilmente se tornar um *divórcio*.

Surgia uma janela quando era hora de irmos embora, mas ficávamos, geralmente porque era cômodo, familiar, fácil; eu tinha um salário garantido ou sentíamos medo do que as pessoas diriam se saíssemos.

Se ficarmos além do tempo dessa janela, muitas vezes as coisas azedam. Elas se voltam contra si mesmas. Ficam tóxicas. Aí perdemos nossa alegria.

Nem todos os fins são ruins. Alguns são bons e necessários. Não há nada de errado, mas chega a hora de partir. Exatamente por esse motivo. Porque é bom.

Pode ser uma ideia estranha se seus fins sempre foram ruins. Às vezes, você precisa ir embora *porque é bom.*

Nossos ancestrais estavam muito mais sintonizados com os ritmos naturais da terra. Havia a época de plantio e depois a época de colheita. Verão, outono, inverno e primavera. Uma estação começa e depois termina, e logo outra começa e termina.

O sol se põe, o dia termina e você vai dormir; o sol nasce, o dia começa e você acorda.

Você consome certos alimentos em certas épocas do ano porque são da estação.

Atualmente, podemos comprar tomates em fevereiro, às três da manhã, em uma tempestade de neve. Não sabemos onde eles foram cultivados, ou quem os cultivou, ou se estão ou não na estação certa. Queremos preparar um molho no meio da noite e não questionamos de onde vieram aqueles tomates.

Isso é bom e não tão bom.

Dispomos de mais tecnologias, luxos e opções que os nossos ancestrais, mas com isso temos cada vez menos conexão com a terra, com as estações, com os ritmos da criação, com começos e fins.

Esses padrões reforçam a verdade para nós, um ano depois do outro, de que tudo tem começo e fim, e de que isso é uma parte natural das coisas.

ÀS VEZES, É O FIM E A HORA DE IR EMBORA, NÃO PORQUE ESTÁ RUIM, mas simplesmente porque chegou o momento.

Continuei a criar a série de TV com Carlton e naquele verão fui finalmente para Los Angeles para passarmos uma semana juntos, analisando o primeiro episódio. Trabalhamos todos os dias o dia inteiro. Eu estava aprendendo muito, sentado ali com um mestre contador de histórias. Era tudo novo, criar uma história daquele jeito, mas estranhamente familiar.

Muitas vezes, eu me peguei pensando: *Faço algo muito parecido com isso já há algum tempo.*

Sob vários aspectos, um sermão é uma história. Há conflito, perguntas, coisas a serem superadas e um arco dramático. Vamos juntos a algum lugar. Somos surpreendidos ao longo do caminho. Não somos as mesmas pessoas que éramos quando chegamos ao fim.

Eu sabia sobre histórias. Todos nós sabemos. Crescemos com elas. Nós as contamos e as lemos, assistimos a elas. Estamos cercados por elas durante toda a nossa vida.

Mas aquilo era diferente. A experiência de criar uma história com Carlton estava causando uma mudança radical em como eu via o mundo e como eu via meu futuro. Tinha sido capacitado a contar histórias como exemplos de verdades. As histórias eram entendidas como exemplos de qualquer que fosse o conceito, o princípio ou a ideia.

Eu vislumbrara isso com meu livro recém-lançado. Muitas das entrevistas que dei eram sobre os conceitos, os argumentos, as batalhas intelectuais que acontecem com pessoas religiosas defendendo seus deuses. Jogos mentais. Discussão de filigranas. Termos, definições e rótulos.

Peguei-me muitas vezes tentando trazer a discussão de volta às histórias que contamos.

Porque algumas são melhores do que outras. As histórias sobre um Deus que tortura pessoas eternamente no inferno não devem ser contadas. São terríveis, deixam as pessoas infelizes e as fazem querer se matar. As que insistem que alguns seres humanos vão ficar bem e todos os outros estarão condenados para sempre são histórias horríveis.

No entanto, as histórias que nos enchem de admiração e assombro, que nos fazem lembrar de quem realmente somos, que contam a verdade sobre como bagunçamos tudo e como podemos mudar as coisas são as de que mais precisamos...

Ali com Carlton, eu começava a perceber que o que eu tinha feito durante anos foi contar uma história. Sobre quem somos e o que estamos fazendo aqui. Como tudo está conectado. E para onde tudo está caminhando.

Eu começava a ver a história *como* a verdade. O mistério nasce nos corpos. As palavras adquirem carne e osso. O infinito está presente nas histórias. Na sua, na minha. O universal precisa do particular. O Espírito precisa de forma no tempo e no espaço.

O que Carlton e eu estávamos criando poderia ir para qualquer lugar. Isso é óbvio — porque é o que você faz quando cria uma história —, mas também era perturbador para mim.

Aquela verdade começou a se espalhar para outras categorias da minha vida, expondo algo que eu não tinha percebido antes. O que me levou de volta às reuniões que Kristen e eu estávamos tendo com os líderes da igreja. Eles nos perguntaram: *E agora?* Durante anos, tivemos uma resposta para essa pergunta. *E agora nós faremos essa próxima coisa aqui...* Ou alguma resposta assim.

No entanto, de repente, ela passou a não funcionar mais para nós. Especificamente a parte do *aqui*.

Havia alguma coisa escondida na palavra *aqui*, sutil e significativa: *uma suposição*.

Uma suposição de que ficaríamos *aqui*.

Durante muito tempo, tínhamos dado a mesma resposta, tanto que ela se incorporou no nosso pensamento. *Estamos aqui. Não vamos embora. Essa é a história.*

Uma crença — tão sutil a ponto de ser quase imperceptível — de que *é assim que é.*

E de repente nós vimos. *Podemos mudar como é.*

E, uma vez que você enxerga, não consegue deixar de ver.

**O Espírito costuma expor as suposições
com as quais vivíamos e também aquelas
das quais não tínhamos consciência.**

ÀS VEZES, ACEITAMOS REGRAS, CÓDIGOS E LIMITES SEM PERCEBER. E então o Espírito sopra e expõe essas suposições, revelando-nos quão limitados temos sido, o que não vimos. Vemos então o que não precisamos aceitar, como podemos criar novas regras.

**O Espírito costuma nos mostrar as maneiras
pelas quais nos submetemos sutilmente à
crença de que as coisas são assim mesmo.**

O ESPÍRITO SE RECUSA A ACEITAR QUE AS COISAS SÃO ASSIM, PORQUE o Espírito é inerentemente criativo.

O Espírito nos mostra novas possibilidades.

SOBRE COMO FUNCIONA. SOBRE COMO TEMOS O PODER DE MUDAR. *E se não fosse assim? E se mudássemos? E se decidíssemos fazer outra coisa?*

Kristen e eu não esperávamos por aquilo. E então, *pá*, ali estava.

Estávamos passeando com o cachorro, não muito tempo depois daquela cerimônia de batismo, quando um de nós disse ao outro:

— É hora de irmos embora, não é?

E o outro respondeu:

— Sim, é.

E o primeiro perguntou:

— Califórnia?

E o outro respondeu:

— Claro, era o que eu estava pensando.

Foi onde tínhamos começado juntos nossa vida. Ali sempre havia sido um lar para nós. Era onde estava a nova vida.

Em novembro de 2012, atravessei o país de avião para falar em um evento. Estava no palco fazendo o que faço e não estava indo bem. Estava mandando mal.

NÃO CONSEGUIA ENCONTRAR MEU RITMO. SENTIA QUE ESTAVA TENtando dançar uma música que não conseguia ouvir.

Tinha quarenta e cinco minutos para falar e, por volta dos vinte e cinco, percebi que estava chegando ao fim do que havia preparado para dizer. Não tinha a menor ideia para onde ir a partir dali. Olhei para as pessoas da plateia e elas me olharam de volta. Elas não tinham a menor ideia do que se passava na minha cabeça. Minha mente procurou a próxima coisa a dizer. Nada me veio. Um ligeiro pânico se apossou de mim.

Fiz uma pausa e, em seguida, perguntei:

— Alguém tem alguma pergunta?

Isso não era algo que teria acontecido em minha vida anterior. Eu *sempre, sempre, sempre* estava preparado. Muito preparado. Superpreparado. Eu teria muito mais a dizer do que qualquer tempo que tivesse.

Para aumentar minha angústia, estava vestindo um terno, parado ali no palco, sem ter o que dizer. Este foi o pensamento que passou pela minha cabeça durante toda a palestra: *Por que você está usando terno?* E, por baixo do terno, usava um suéter. Não era uma escolha de roupas à qual estava acostumado.

Eu vestia aquele traje porque estava tentando descobrir quem eu era naquele ponto da vida. E às vezes você simplesmente não sabe o que vestir.

Uso essas frases *minha vida anterior* e *nessa nova vida* porque era o que parecia. Como se tivéssemos deixado uma vida e estivéssemos criando uma nova.

E essa nova estava demorando um pouco.

Já fazia um ano que tínhamos deixado a igreja, a nossa vida em Michigan, e nos mudado para a Califórnia. As crianças começaram a frequentar novas escolas, encontramos um lugar para morar, descobrimos onde ficava o supermercado. Tiramos carteira de motorista californiana. Eu estava escrevendo um livro e conduzia workshops e retiros.

Que emoção começar de novo assim. Também foi desorientador e enervante. O desconhecido costuma ser.

E, às vezes, estranho.

Eu estava em uma festa e alguém perguntava o que eu fazia da vida. Eu hesitava, ciente de que poderia dizer qualquer coisa. Às vezes respondia:

— Sou uma espécie de consultor.

Em outras:

— Estou escrevendo um livro.

Pelo menos uma vez eu disse:

— Estou trabalhando em algumas ideias.

Algumas vezes eu conseguia rir das minhas respostas; outras vezes elas me deixavam meio apavorado.

Em minha vida anterior, não ia a lugar nenhum em público sem ser reconhecido. E ali eu era anônimo. Às vezes as pessoas fantasiam sobre recomeçar a vida em um novo lugar onde ninguém as conheça. E nós estávamos experimentando aquilo. Eu adorei.

Havia um homem chamado Paul que eu via pela cidade. Certo dia, ele me disse:

— Achei que você fosse aposentado.

Aposentado? Tínhamos uma criança de três anos.

Sentia como se estivéssemos começando. Como se inventássemos tudo de novo. Como se o antes fosse apenas o princípio.

Estávamos muito felizes. Estávamos em um lugar do qual havíamos partido. Lugares podem ser geográficos e também emocionais, intelectuais, culturais, tribais. Pode ser o seu trabalho, seu bairro ou o papel que você desempenha em um sistema familiar. Ou uma visão de mundo.

E, quando vai embora, você se encontra no desconhecido.

Há uma história no livro do Gênesis sobre um homem chamado Abraão, que deixa a casa do pai. No antigo Oriente Médio, *a casa de seu pai* era um estilo de vida completo. Economia, família, autoridade, visão de mundo, deuses. Onde você consegue sua comida. Ir embora *disso* era deixar o conhecido e rumar ao desconhecido. Ir de algo estabelecido para algo que ainda não existe.

É estranho que o autor não explique o motivo pelo qual Abraão vai embora. Só é dito que ele ouve uma voz divina. Algo *íntimo* e *infinito* chama e Abraão escuta.

Há esse versículo: *Então Abraão partiu.*

É um versículo bem curto, muito fácil de pular, mas absolutamente gigante. Porque não se fazia isso naquela época. O entendimento geral era que a história é como um ciclo sem fim, e o que acontecia aos pais dos seus pais acontecia com seus pais e acabaria acontecendo com você. São versões de uma repetição do que veio antes.

Então, essa história sobre a partida de Abraão é revolucionária. É um passo à frente na consciência humana. Você pode sair do ciclo? Você pode partir e rumar para o desconhecido? Você pode entrar em algo que ainda não aconteceu, que ainda não existe? Que ideia nova incrível.

E o autor não nos dá nenhuma explicação do motivo. Abraão ouviu e então partiu. Ele ouviu alguma coisa? Isso é o melhor que o autor pode fazer? É tão vago, ambíguo, impreciso.

Exatamente. Às vezes, em uma história, as verdades mais poderosas são aquelas que nunca são explicitamente contadas. Essa história perdurou porque é verdadeira em como funciona. Algo borbulha dentro de você, lá dentro, uma força, uma voz, um impulso irresistível. Você obtém alguma forma, um pouco de textura, um vislumbre de que direção seguir. Você tem o suficiente para dar o próximo passo, mas não o bastante para assumir o risco, a fé e o medo.

Eu sabia que tinha novas coisas para criar. Sabia que existiam novos espaços para realizar meu trabalho. Sabia que havia um mundo de pessoas como eu com uma fome espiritual maior do que nunca. Mas, além disso, tinha o desconhecido.

Na Bíblia, há uma história sobre uma mulher chamada Rute. Rute é de Moab e, quando seu marido morre e sua sogra, Noemi, decide voltar para a terra natal, Rute insiste em ir com ela. Por que ela faria isso? Se ela deixar seu lar e for com Noemi, será uma estrangeira, sem direitos, sem terra, sem recursos, sem nada para protegê-la dos inúmeros perigos do mundo naquela época. Mas ela insiste em ir para o desconhecido. E, mais uma vez, o narrador não tem interesse em nos dizer o motivo. Nenhuma tentativa é feita para nos explicar por que essa mulher iria querer se arriscar assim. Não recebemos nenhuma informação sobre o que está acontecendo dentro dela. Apenas uma promessa apaixonada e resoluta de seguir Noemi em cada passo do caminho.

Encontramos essa mesma ausência de explicação em um grande número de histórias, culturas e períodos de tempo. Algo dentro de nós sabe que é hora de rumar para o desconhecido, e é o que fazemos. Essas nossas forças internas são muitíssimo misteriosas.

Eu estava sentindo essas forças. Sabíamos que tinha mais, que havia um próximo capítulo, mas deixar o capítulo anterior e avançar para o desconhecido significava viver na transição. Outra palavra para transição é *espaço liminar*. *Liminar* vem da palavra em latim para *soleira*. Você está saindo de um aposento, mas não chegou ainda ao aposento seguinte, então você está cruzando a soleira. Por um momento, você não está em nenhum dos aposentos.

O espaço liminar pode ser muito brutal e muito bom. Saímos, nos soltamos, vemos coisas que não víamos antes, ouvimos.

Constantemente eu tinha que dizer a mim mesmo para ser paciente. Costumava pedir a Kristen para me lembrar de ser paciente. Essa parte era enervante. Criamos identidades em torno de funções, títulos, descrições de cargos e realizações. Eles dão forma, significado e definição à nossa vida. Aos poucos, com o passar do tempo, a compreensão de nós mesmos se molda pelo que estamos fazendo e pelo que fizemos. Nós nos apegamos, nos agarramos e nos seguramos firmemente a essas identidades.

E então ficamos sem elas. Às vezes porque decidimos deixá-las para trás, outras porque são tiradas de nós sem consentimento. Senti-me bastante exposto e vulnerável.

Lembro-me do meu amigo Chris me dizendo que as pessoas estavam lhe perguntando:

— O que aconteceu com o Rob?; Para onde ele foi?; Ele está fazendo alguma coisa?

Lembro-me de ter sentido um pavor primário quando ele me contou isso, como um calafrio. Um comentário inocente de um amigo e minha imaginação correu solta com ruminações intermináveis de como esclarecer as coisas e informar às pessoas que eu ainda estava no jogo.

Este é o problema em relação ao espaço liminar: você fica muito sensível. Em carne viva. Suscetível a velhas forças e medos.

Eu não estava arrependido. Estava flertando com algo muito mais poderoso: o medo. Medo de que parecesse que eu não tinha a mínima ideia do que estava fazendo. Medo de que parecesse que eu não tinha conseguido aguentar e, então, tinha partido. Medo de que as pessoas achassem que eu era alguém e, então, tivesse jogado isso fora. E o maior deles: medo de que parecesse que eu tinha acabado.

Respirei fundo algumas vezes e recontei a história para mim mesmo — é assim que funciona, tudo isso faz parte, venho de uma longa linhagem de pessoas que partiram para o desconhecido, rumando para onde quer que isso as levasse, qualquer que fosse o custo. Senti uma onda de paz ao me lembrar de que não havia outro lugar onde eu preferisse estar; havíamos escolhido aquilo; sabíamos que ficaríamos no espaço liminar, talvez por um longo tempo, postados na soleira, nem em um aposento nem no outro; e tudo bem, porque era onde a vida estava.

Parado ali, com aquele terno, terminei a palestra que tinha preparado para aquelas pessoas e perguntei se alguém tinha alguma dúvida. Algumas pessoas se manifestaram. Depois que terminou, caminhei pelo corredor dos fundos até o salão verde.

Sentei-me em uma cadeira. Havia comida em uma mesa no canto. Não sentia fome. Meu suéter pinicava. Algumas pessoas iam e vinham, dizendo que tinham gostado da minha palestra. Um homem disse:

— Reconfortante, como sempre.

Eu mal o ouvi. *O que estou fazendo?*, perguntei-me.

Não me senti mais perto de uma nova vida, só mais longe. Como se tivesse retrocedido. *Faço isso há vinte anos. Por que parece tão estranho?* Ininterruptamente, a conversa prosseguiu em minha mente. *Não posso fazer do jeito antigo e ainda não sei o que é o jeito novo.* Mesmo essas categorias de *jeito antigo* e *jeito novo* pareciam artificiais e forçadas.

Esse é o problema em relação ao espaço liminar. Você costuma ficar um pouco apreensivo. Um pouco nervoso. Você torna as coisas maiores do que são.

Sentado naquela cadeira, reproduzi aquela palestra desastrosa, lembrando a mim mesmo: *Tudo isso faz parte, tudo isso faz parte, tudo isso faz parte. Eu pedi por isso. Para ser desmontado. Para ser desnudado.*

Sabia que havia mais. Sabia que não tinha acabado. E, aparentemente, tudo isso fazia parte. Era um grande presente ser básico e humilde daquele jeito. *Quem sou eu?* Sabemos a resposta para essa pergunta: *Quem está perguntando?* Era o que estava acontecendo comigo. Havia perdido muitas das identidades que forjara ao longo dos anos, o que estava me levando cada vez mais para perto do eu atrás do eu atrás do eu. Para o eu que realmente não sabia o que dizer quando as pessoas me perguntavam o que fazia da vida. Quando tanto é deixado para trás, você descobre que está bem. Você sente um pouco de medo, como uma mosca zumbindo ao redor da sua cabeça, mas está bem. E também está livre. Que presente.

**Elizabeth Gilbert e eu estávamos sentados lado a lado em um palco, no estacionamento de uma arena, respondendo a perguntas do público. Alguém fez uma pergunta pessoal particularmente difícil. Houve uma pausa, Liz se virou para mim e disse:
— Bem, pastor Rob, o que você tem a dizer sobre isso?**

ELA RIU. O PÚBLICO RIU. EU RI. FIQUEI SUSPENSO EM UM DAQUELES momentos de fração de segundo que dura dentro de você muito mais do que isso. *Ela acabou de me chamar de pastor Rob?* Não me chamavam assim havia anos. Deixei isso para trás, na minha vida anterior.

Estávamos no palco daquele estacionamento porque Liz e eu tínhamos sido convidados para fazer uma turnê com a Oprah. E, quando a Oprah convida para fazer uma turnê, você não recusa. Estávamos nos apresentando em arenas do país inteiro. Depois da primeira parada, Liz e eu pedimos aos organizadores que nos aproximassem mais das pessoas, para ultrapassar nosso isolamento nos palcos enormes, nos espaços enormes.

Por isso, estávamos sentados em banquetas e os microfones eram passados pelo público reunido no estacionamento durante a hora do almoço. Liz e eu nos divertimos muito. Havia uma alquimia entre nós, alguma magia infantil, como se estivéssemos fazendo coisas semelhantes por anos e, então, simplesmente nos encontramos, comparamos anotações e, em seguida, o jogo começou.

E então ela me chamou de pastor Rob. Foi chocante e inesperadamente curativo. Bateu em algo solto dentro de mim.

Forjamos essas identidades e em seguida nos apegamos a elas, as agarramos porque nos dão uma sensação de segurança. E então as deixamos ir e novas identidades se formam, às vezes em torno de quem somos e outras vezes em torno de quem não somos.

EU ERA TAL COISA, MAS AGORA NÃO SOU MAIS.

A mente adora isso. Ela pode ponderar a respeito dessas distinções o dia inteiro: *eu era isso, agora sou isso; eles estão com eles; ela é uma dessas; ele fala como eles; eu costumava ser um deles; o que você é?* E assim por diante.

É como quando você põe para tocar uma música de que gosta para algumas pessoas. Assim que a música começa a tocar, elas iniciam uma conversa tentando descobrir que outras bandas soam como aquela que você está apresentando a elas.

Ah, é enlouquecedor.

Você só quer que elas parem de falar e ouçam a música.

Você a pôs para tocar esperando que a ouvissem com você, e não que ficassem a distância tentando nomeá-la, categorizá-la ou descrevê-la. Podem fazer isso mais tarde.

Ter a plenitude da experiência, ser completamente capturado por ela, é estar presente nela. Não ficar a distância, analisando-a, para tentar descobrir o que ela lembra, com o que parece ou como rotulá-la.

A alma não se importa com o que é ou como deve ser chamado. A alma só quer se envolver, sentir, absorver, experimentar. A alma quer participar.

Eu tinha deixado algo que me dera uma identidade e estava começando a encontrar a próxima coisa...

Pastor, não mais um pastor. Igreja, não igreja. Aquela vida anterior, essa nova vida.

E Liz não ligava para nenhuma dessas distinções.

Que presente ela me deu. Naquele dia, naquele estacionamento, *pastor* foi a palavra para mim. Era o que eu estava fazendo. A fina fatia de um momento eterno me rompe e me mostra um caminho para abraçar tudo. O que eu tinha sido antes, o que eu era naquele momento. Onde eu tinha estado, o que eu havia feito. Todos os diversos Rob ao longo dos anos anteriores.

Você me vê assim? Ótimo. *Você vai colocar isso em mim?* Tudo bem. *Ser isso ajuda?* Legal.

A alma não precisa decidir se você é *isso* ou *aquilo*.

Eu sou tudo isso. O que eu era, o que eu sou. Tudo isso.

Há um livro, meu favorito, que li muitas vezes sobre o artista Robert Irwin intitulado *Seeing Is Forgetting the Name of the Thing One Sees* ["Ver é esquecer o nome da coisa que se vê"].

Que título!

Ver é esquecer o nome da coisa que se vê.

Na primeira vez que alguém me falou dele, senti aquele título no meu íntimo. *Sim, é isso.*

Eu estava mais vivo do que nunca. Estava me divertindo mais do que nunca. Estava mais cheio de admiração e assombro do que nunca. Títulos, realizações, como ser chamado, o que dizer quando me perguntassem o que eu fazia: podia sentir aqueles apegos perdendo o poder sobre mim. Aos poucos, estava esquecendo o nome do que via...

Minha compreensão de Deus estava ligada a tudo isso. Sempre está. Porque o universal e o supremo são sempre pessoais, não é? "Em que tipo de universo você acha que estamos vivendo?" é uma pergunta muito íntima. A maneira como entendemos as grandes coisas é sempre motivada por nossas lutas e por nossos desejos mais pessoais.

Eu me libertava da ideia de que sempre precisava ter um motivo para isso além da nossa total participação no momento em que estávamos.

Na Bíblia, há uma história em que Moisés pergunta a Deus qual é o nome Dele, que responde: *EU SOU.*

Moisés quer localizar Deus, e o que Moisés recebe é: *Em toda parte.* Moisés quer achar uma maneira de entender, e o que ele obtém é: *Tudo isso.*

Que resposta! Outra maneira de dizer EU SOU é *Ser em Si.*

Isso é passado, presente, futuro. Tudo. Ser em Si, o informe além de qualquer forma, animando todas as formas. A eletricidade em que tudo está ligado. Pode-se nadar na água inteira.

Isso é tudo o que você sempre foi e sempre será. Todos os seus *você.*

O que envergonha você, o que deixou para trás, as cicatrizes que carrega consigo, a maneira que você costumava pensar e que agora rejeita. Somos tudo isso.

O universo se expande há mais de 13 bilhões de anos e nunca deixamos de ser convidados para nos expandir junto com ele.

Eu não precisava de nenhuma distância de onde tinha estado e do que tinha feito na vida anterior, pois estava tudo comigo. Fazia parte de mim, tornava-me quem sou. Eu não seria esse eu em particular, aqui, agora, sem isso. Você vai embora e leva isso com você. Tudo faz parte de você.

Você continua se movendo e inclui tudo isso. Você transcende e abraça tudo isso.

Deus é mais um verbo do que um substantivo. EU SOU. Ser em Si. O supremo sempre incluirá tudo. Na Bíblia, há um versículo a respeito do Deus que está *acima de tudo e está em tudo.* Apenas um versículo, mas imenso. *Acima de tudo e está em tudo.*

Temos experiências dolorosas, arrependimentos e feridas que nos fazem querer deixar para trás *pedaços* da nossa história. Um impulso totalmente normal, mas que pode nos deixar *em pedaços.* Fragmentos nossos aqui e ali, sem saber muito bem o que fazer com o todo. Alguém fala de um lugar e você estremece; uma pessoa é mencionada e você tensiona; vê uma foto de um momento específico e sente um aperto no estômago. Podemos facilmente acabar em conflito com a nossa própria história. Entrar em guerra com ela. Sem saber o que fazer com algumas partes.

Mas eu sou, Ser em Si, nos convida a possuir cada centímetro quadrado de nossa história.

EU TINHA DEIXADO UMA VIDA, MAS DESCOBRI QUE ELA ESTAVA ALI comigo. Acima de tudo e em tudo. *O que você tem a dizer sobre isso, pastor Rob?*

Início de 2016, estava em uma turnê na Austrália e fui ao teatro para a passagem de som. Ao subir no palco, vi que havia um vão à frente que descia de seis a nove metros, criando um imenso abismo entre o nível do palco e a primeira fileira de assentos.

FUI ATÉ A BEIRA DO ASSOALHO E OLHEI PARA O FOSSO DA ORQUESTRA rebaixado. Perguntei ao diretor de cena quanto tempo demoraria até que levantassem o fosso para nivelá-lo com a altura do palco para que pudéssemos fazer uma passagem de som adequada.

Ele me disse que, depois da minha apresentação, haveria o ensaio de uma orquestra e que o pessoal do teatro não seria capaz de levantar e depois abaixar de novo o fosso a tempo do ensaio. Então, eu teria que me apresentar no palco como estava.

O vão, então, iria permanecer. Virei-me para o produtor direcionando minha raiva crescente contra ele, mas me dei conta de que não era sua culpa. Quando ele agendou a apresentação, não poderia prever e perguntar:

— Ah, a propósito, não vai ter por acaso um abismo de nove metros entre Rob e a plateia, não é?

Caí em mim e dei uma risada. Eu fazia parte da piada.

Alguma vez achei que chegaria a um ponto em que me moveria sem esforço? Ou que não haveria interações estranhas, obstáculos inesperados e situações bizarras para as quais não teria me preparado?

ALI, UMA VELHA FORÇA FAMILIAR SURGIU DENTRO DE MIM E PUDE sentir toda a frustração se convertendo em alegria. Eu me jogaria ainda mais na apresentação. Faria tudo ao meu alcance para superar aquele vão *literal* e me conectar ainda mais com os presentes naquela noite. Observaria aquele obstáculo inesperado transformar-se em uma boa história, talvez até mesmo para um livro algum dia.

Perto dessa época, viajei para Londres para fazer um workshop. Passei boa parte do dia falando sobre a arte da comunicação, ensinando maneiras práticas de as pessoas aproveitarem suas ideias e darem forma a elas, para que pudessem compartilhá-las com o mundo. Sou bastante apaixonado por isso. Estava lá em Londres apresentando tudo o que havia aprendido sobre contar histórias, elaborar frases e aproveitar o que acontece com você para comunicar com clareza e paixão. Fizemos uma pausa no meio do dia. Estava abrindo caminho entre as pessoas para pegar algo para beber e uma mulher me parou e perguntou:

— Então, você tem alguma ideia sobre comunicação?

Espera aí. O quê? Acabara de passar várias horas falando sobre isso. Ela estava mesmo aqui? Estava ouvindo?

Fiquei sem palavras. Foi incrível, na verdade. Ela ficou sentada lá me ouvindo por tantas horas, e eu dando o meu melhor para falar da importância de uma boa comunicação. Ao que tudo indica, não comuniquei muito bem a ela o que estava tentando comunicar.

Eu ri. Senti como se alguém, em algum lugar, estivesse piscando para mim, lembrando-me de segurar tudo aquilo sem força, sem me jogar naquilo com tudo o que tenho e também renunciando a todos os resultados.

Logo depois disso, fui falar em um evento e, na passagem de som, o técnico quis saber que tipo de microfone eu gostaria de usar: um preso a um fone de ouvido, como um *coach* ou a Britney Spears usariam, ou um microfone sem fio para segurar na mão? Respondi:

— Um microfone sem fio seria ótimo.

Então, o técnico de som disse:

— Tudo bem, mas que tal você também usar o fone de ouvido com microfone? Vou deixá-lo desligado, mas, se o microfone sem fio falhar, só precisarei ligar o fone de ouvido com microfone.

Estava sendo zoado? Isso estava sendo filmando? A sugestão dele era que eu usasse um microfone na cabeça que não estaria ligado? Era uma brincadeira, né?

Havia muito tempo que essas coisas estranhas vinham acontecendo comigo, mas percebi que, à medida que eu avançava, ficava cada vez menos frustrado e cada vez mais... acho que *entretido* é a palavra certa, como se contivesse alguma alegria subversiva para mim.

As estranhezas aconteciam para lembrar-me de alguma coisa — como nos momentos difíceis, como nos problemas mais urgentes —, para me manter ágil, flexível, jovem, aberto e presente.

Comecei a fazer apresentações em uma casa noturna chamada Largo perto da minha casa. O lugar pertencia a um irlandês incrível chamado Flanny, que logo se tornou um amigo querido para Kristen e eu. Flanny estava muito determinado a criar um tipo específico de ambiente familiar no Largo. Fotos ou gravações não eram permitidas, e, assim, muitos comediantes, músicos e artistas que iam lá consideravam a casa um lugar sagrado, onde podiam experimentar tudo com o que vinham trabalhando no momento. Quando Flanny me convidou para começar a fazer apresentações lá, fiquei entusiasmado.

E muito nervoso.

Mais nervoso do que nunca. Eu antes costumava dar minhas palestras três vezes no domingo, para três mil pessoas de cada vez. Já o Largo, lotado, acomodava menos de trezentas. Para mim, há poesia nesses números. A matemática aqui tem um impacto significativo em mim e eu a acolho positivamente.

A curva de aprendizagem recomeçou no Largo. Foi muito estranho tentar descobrir como fazer, naquele espaço, o que sempre fiz, mas na primeira vez que estive ali experimentei uma sensação avassaladora: *Esse sempre foi o lugar para onde eu estava indo.*

Eu me propus a ver aonde eu poderia levar o sermão ou — para dizer de outra maneira — aonde o sermão me levaria. E ali estava. Investigando mais do que nunca, aprendendo mais do que nunca, fazendo o que podia para ajudar as pessoas a perceber que tudo é espiritual, que sempre fizeram parte, que tudo é um convite infinito.

Em uma apresentação, eu senti que tudo funcionava, como se tivesse encontrado um ritmo. Porém, na apresentação seguinte, senti que... *Credo.* O.k. Tudo bem. Um pouco chata. Que presente recomeçar em um novo espaço como aquele. Tropeçando. Tateando.

É como chegar e começar tudo de novo.

Eu comecei um podcast. Meu filho Trace me emprestou um microfone velho que estava guardado debaixo da sua cama.

Coloquei-o na minha mesa. Era tudo novo: estar sentado na nossa casa, gravando minha voz falando com *ninguém*. Apenas eu em um aposento e a esperança de que o que estava dizendo pudesse se conectar com alguém em algum lugar lá fora. Eu estava acostumado com plateias, corpos, vai e vem, dar e receber, troca de energia. Toda aquela conexão entre mim e o público, quando eu sentia para onde íamos todos nós juntos.

Mas gravar um podcast parecia tão sem vida. Como se as palavras saíssem da minha boca, pairassem no ar e caíssem com um baque. Como um pássaro sem asas.

Segui em frente. Gravei outro episódio, um pouco diferente do último. Semana após semana. Episódio após episódio. Levei muitos meses, e pouco a pouco comecei a encontrar o meu caminho. Era a mente de um principiante, tudo de novo.

Continuei fazendo coisas, mais coisas do que nunca, conhecendo cada vez mais espaços e lugares novos. As ideias vinham e me guiavam de formas que eu nunca poderia ter imaginado. Às vezes era como deslizar na superfície de uma onda; em outras, como tatear no escuro tentando encontrar o interruptor de luz. Outras vezes ainda, havia um abismo na frente do palco. Era bem mais divertido, e frustrante, e emocionante, e desorientador. Ocasionalmente, eu me sentia mais nervoso do que nunca, e às vezes me sentia flutuar.

Houve momentos em que me senti muito confiante, como se soubesse exatamente o que era aquilo e o que devia fazer; como arremessar uma bola e, enquanto ela ainda está no ar, dar as costas para o aro e começar a correr despreocupadamente para o outro lado da quadra. A dúvida me prendia em uma chave de braço em alguns momentos e pedia a Kristen que repetisse que tudo ficaria bem. E mais uma vez ela me ajudou ao sorrir e dizer com sua voz aveludada:

— Tudo vai ficar bem.

E eu acreditei que era verdade, mais uma vez.

Era como se eu estivesse descobrindo, mas, assim que consigo, algo muda, e tenho que descobrir tudo de novo.

Resisti a essa interminável descoberta de tudo, mas, com o tempo, um tipo de magia começou a agir em mim.

Estamos todos descobrindo infinitamente.

PERCEBO QUE VIVI DURANTE ANOS COM A SUPOSIÇÃO DE QUE EM algum momento você chega, tem tudo decidido, resolve tudo. E então, a partir daí, você segue em frente.

Mas não funciona assim. EU SOU é mais *verbo* do que *substantivo*. Mais *direção* do que *destino*.

Essa compreensão começa a se conectar com algo que li sobre as origens do universo e me faz lembrar de alguma coisa daquele poema do Gênesis; e tudo junto me ajuda a entender que estou apenas arranhando a superfície da verdade de como todos estamos descobrindo infinitamente...

No princípio, há cerca de 13,8 bilhões de anos, o universo era um único ponto de massa infinitamente comprimida.

VOU CONTINUAR DIGITANDO COMO SE SOUBÉSSEMOS O QUE É ISSO. Viemos de um único ponto que continha tudo o que acabaria por se tornar tudo.

Eu sabia disso por causa das aulas de ciências, como todos nós. Porém, mais uma vez, o familiar estava se tornando o não familiar: algo que eu tinha ouvido mil vezes me impressionava como se fosse a primeira vez.

No início, havia apenas um único ponto e, em seguida, veio uma explosão.

E, na fração de segundo depois daquela explosão, existiam apenas partículas. Fragmentos de energia rodopiantes, saltitantes, frenéticos. Foi isso.

Nada mais existia, apenas aquelas partículas. O universo vem de um único *ponto* e a primeira coisa que ele fez foi virar *partes*.

É um, vem uma explosão, e então o *um* vira *partes*.

As diferentes partículas que viram *partes* existiam dentro de um todo. Partículas diferentes, mas todas, em última análise, unidas como uma.

Pertencer é o estado natural do universo.

O UNIVERSO SE DISSOCIA, SE DIVIDE, SE TRANSFORMA EM ALGO NOVO, mas mesmo nesse novo estado ele ainda faz parte do todo.

Todas as exclusões só ocorreram dentro de uma inclusão maciça.

TODOS NÓS PERTENCEMOS O TEMPO TODO. CADA VEZ QUE ALGUÉM tenta fazer uma pessoa sentir que não pertence, não faz parte ou não merece participar, isso acontece dentro de uma unidade e de um pertencimento maiores.

Mesmo quando você se sente excluído, você está *dentro*, sempre esteve, sempre pertenceu. Cerca de três minutos depois do início da vida do universo, aquelas partículas começaram a se ligar a outras. Sabemos o que aconteceu aos três minutos na vida do universo, há mais de 13 bilhões de anos. Alguém descobriu isso! Nossa, eu amo a ciência.

Três minutos depois, as partículas começaram a se ligar a outras. Essa ligação produziu *átomos*.

O universo não tinha tido átomos até aquele momento, eram uma novidade. Partículas que se juntaram a outras criaram algo novo que não existira antes.

O universo seguiu em frente. Porque, cerca de 300 mil anos depois do início da vida dele, aqueles átomos começaram a se ligar a outros átomos para formar *moléculas*.

Antes disso, o universo nunca tinha tido moléculas, era uma novidade. Moléculas são constituídas da ligação de átomos, que são constituídos de partículas ligadas. E as moléculas não eram só uma novidade, eram também maiores e mais complexas. Quando as partículas se ligaram com outras, estavam se juntando para formar algo grande e maior do que elas mesmas: os átomos. E o mesmo aconteceu com os átomos; quando se ligaram uns aos outros, formaram algo maior e mais complexo do que eles mesmos: as moléculas.

Você já ouviu de alguém que está se oferecendo como voluntário em algum lugar, ingressando em uma organização humanitária ou deixando o emprego para trabalhar em outro lugar que a razão para isso é: *Só quero fazer parte de alguma coisa maior do que eu mesmo?*

Sim, claro que sim. Tudo no universo faz isso. Partículas se ligam a outras para algo maior do que elas mesmas: os *átomos*. O mesmo acontece com os átomos e as moléculas; *tudo* tem o impulso de fazer parte de algo maior. Foi assim que o universo se tornou *um universo*.

Um universo que estava apenas começando. Porque, em algum momento, 9 bilhões de anos depois do início da vida do universo, as moléculas começaram a se ligar com outras formando as *células*.

O universo nunca tinha tido células antes, eram novidade.

É um padrão. A ligação de coisas semelhantes, que formavam algo novo, mais complexo, que não existia previamente. Uma novidade para o universo.

Tudo por causa de um impulso. Um impulso para se ligar, se unir, se reunir. *De onde vem esse impulso?* Vem de dentro.

Tal energia/impulso/força/movimento/motor/deslocamento que manteve o universo avançando durante 13 bilhões de anos e fez com que coisas se unissem para o surgimento contínuo de novas formas, vem das profundezas do próprio universo.

É a natureza mais básica da realidade: se ligar, se reunir, fazer algo novo, buscar novas formas e novos moldes, ir além de si mesmo, seguir adiante.

Você já ouviu alguém falar sobre o sentido da vida e dizer: "Tudo o que importa são as relações"?. Bem, sim. É ainda melhor do que isso. *Matéria são relações.*

Portanto, quando partículas se ligam com partículas, átomos se ligam com átomos e moléculas se ligam com moléculas, vemos algo de nós mesmos ali, nos estágios iniciais do universo.

Ansiamos nos reunir e nos conectar com os outros porque é isso que o universo tem feito há bilhões de anos.

A conexão é um motor da criação.

É por isso que a solidão cria um sofrimento tão profundo em nosso íntimo. Ela atrasa — e trabalha contra — a direção que o universo tem seguido há mais de 13 bilhões de anos. O mesmo acontece com o racismo. Independentemente de onde viemos ou como é a nossa aparência, somos todos humanos, e, quando os humanos falham em se ligar, se unir e se conectar uns com os outros, isso vai contra a direção que o universo tem seguido.

O que nos leva de volta às células, que por volta de 9 bilhões de anos depois do início da vida do universo começaram a se ligar com outras, criando mais uma vez algo novo. Novas estruturas orgânicas, novos sistemas celulares e, com o tempo, novos organismos que o universo nunca tinha tido. E assim ele continuou: desdobrando-se, ligando-se e conectando-se, até 13 bilhões de anos depois.

Há uma direção no que tem acontecido no universo.

COMO LIGAÇÕES COM *SEMELHANTES* PARA FORMAR *MAIS*; TUDO que se desdobra de acordo com esse padrão específico e cresce em complexidade e profundidade por todo esse tempo.

Não existiam átomos, que passaram a existir. Não existiam moléculas, que passaram a existir. Não existiam células, que passaram a existir. E assim por diante, avançando ao longo de 13 bilhões de anos. É uma realidade dinâmica, que se desdobra incessantemente, que cria e segue em frente com uma complexidade cada vez maior.

O vir a ser é seu estado natural.

NÃO É O QUE ERA ONTEM E NÃO É O QUE SERÁ AMANHÃ.

Tire uma foto e você terá um excelente instantâneo do que *foi*.

E o que é a verdade do universo é a verdade de cada um de nós. Há uma boa probabilidade de você ter frequentado a segunda série aos sete ou oito anos. No seu primeiro dia, na nova classe, você sentiu a extensão daquele novo espaço. As aulas eram um pouco mais difíceis, a matemática era um pouco mais complexa, o vocabulário tinha mais palavras.

Idealmente, aquela nova classe deve ter lhe dado novas formas para crescer e se expandir. No início, elas eram novas e talvez um pouco enervantes e intimidantes, mas depois você se adaptou. Você aprendeu. Você cresceu. Funcionou.

Por um tempo.

Em seguida, idealmente, você seguiu em frente. Continuou crescendo. Continuou se expandindo. E você chegou ao final da segunda série. Essa forma ajudou por um período. Então, você chegou ao fim dela e era hora de sair e entrar na próxima: na terceira série. O que, com sorte, foi a quantidade certa de desafio, extensão, grandeza e salto. Você se adaptou à terceira série. Até que chegou a hora de seguir em frente...

Essas formas funcionam até não conseguirem mais conter a nova coisa que está acontecendo em você; a nova expansão que não se encaixa na forma atual.

A mesma forma que pode ser *libertadora, desafiadora, nova e estimulante* pode se tornar, ao longo do tempo, *limitadora, sufocante* e *conflitante*.

Uma forma ajuda, até atrapalhar. Liberta, até confinar. O problema pode não ser a forma, mas esperar que ela continue dando o que podia dar naquele estágio. Naquele capítulo. Naquela época. Naquele período da sua vida. A segunda série foi ótima quando você estava na segunda série. E então aquela forma terminou.

O que nos leva de volta para as partículas, saltando e rodopiando naqueles três primeiros minutos do universo. O que causou aquele Big Bang? O que fez com que aquela grande explosão se tornasse muitas? O que fez com que aquelas partículas começassem a se formar? O que quer que fosse as acionava, e elas começaram a se juntar. E as partículas são uma *forma*. Mas, o que quer que isso seja, não pode ser contido apenas na forma de partícula. Assim, elas prosseguiram, sendo acionadas e energizadas para se ligarem a outras e criarem os átomos. Uma nova forma. Uma que o universo nunca tinha tido.

No antigo poema do Gênesis, essa energia estimulante é chamada de *Espírito*. E, no poema, o Espírito entra e aciona as formas, que depois criam novas formas.

As partículas não podiam conter a plenitude do Espírito, e isso levou a algo novo. Isso é o que o Espírito faz: ele viabiliza uma nova criação.

E o que era verdade 13 bilhões de anos atrás é verdade agora. Para nós.

Todos nós estamos descobrindo isso infinitamente, porque o Espírito continua fazendo algo novo. Podemos tentar combater, resistir, não ceder, aceitar ou querer que continue igual.

Podemos escolher enxergar isso com medo e frustração ou podemos ver como algo emocionante e revigorante.

As organizações podem continuar tentando reviver seus dias de glória, querendo que as coisas fiquem como eram no início. As nações podem ficar atoladas, tentando voltar no tempo, para uma época imaginária em que as coisas estavam excelentes. As pessoas podem ser acossadas pela nostalgia, querendo que as coisas voltem a ser como eram. No entanto, o universo só conhece uma direção: para a frente. O Espírito só conhece um tipo de criação: a nova.

Seria mais fácil se alguém simplesmente nos contasse.

PARA ONDE IR. O QUE VEM A SEGUIR. COM QUEM GASTAR NOSSAS energias. E com quem não. Se é para continuar, largar e ir embora. Os detalhes de como criar esta criança. Os detalhes de como criar esta outra criança que não tem nada a ver com a primeira. O que dizer exatamente. O que deixar sem dizer. Que quantia exata gastar com isso. Que quantia exata gastar com aquilo. Quando ir, quando ficar.

Seria mais fácil se alguém simplesmente descobrisse por nós.

ISSO TIRARIA O PESO. PODERÍAMOS EVITAR TODOS AQUELES MOMENtos embaraçosos e as interações irritantes se soubéssemos antes. Não ficaríamos acordados no meio da noite repetindo todas as frases que gostaríamos de ter dito no momento.

Seria mais fácil se o universo fosse um lugar mais estático para chamar de lar.

SE SIMPLESMENTE CHEGASSE. OU TERMINASSE. OU CESSASSE TODA essa confusão de vir a ser. Se pudéssemos simplesmente organizá-lo de uma vez por todas, se pudéssemos definir as formas com precisão, se pudéssemos apenas consertá-lo. Haveria muito menos adivinhação. Gastaríamos melhor o nosso dinheiro. Investiríamos nossas energias em coisas muito melhores. Não nos arrependeríamos.

Alguém pode só me mostrar o mapa?

ESSA COSTUMAVA SER A MINHA PERGUNTA. AÍ, EU NÃO TERIA QUE discernir. Aí, eu não teria que tomar todas essas inúmeras decisões que exigem que eu viva com as consequências e os resultados. Aí, Kristen e eu não teríamos que conversar tanto sobre o próximo passo. Poderíamos simplesmente superar todo esse discernimento e a tomada de decisões sem fim.

É fácil se conformar com terreno sólido.

VEMOS ISSO O TEMPO TODO. ALGUÉM É UMA COISA, MAS NOS DIZ QUE agora viu a luz, e é outra coisa. Alguém é progressista, *pós*-isso ou aquilo, *não entendia, mas agora entende*. Mas, às vezes, o que você sente é que essas pessoas são tão rígidas e medrosas como sempre foram. Como se trocassem uma forma rígida por outra.

É fácil trocar um fundamentalismo por outro.

Líderes, professores, gurus, figuras de autoridade, sistemas, estruturas, instituições, códigos, movimentos podem servir a propósitos muito úteis em certos estágios. Você precisava disso, precisava deles: as regras, os ensinamentos, os slogans, os planos, os mantras, as histórias, as canções, as doutrinas, os retiros, os passos, aquele sentimento maravilhoso de pertencimento.

Eles disseram como fazer. Discerniram com você ou até mesmo para você. E isso o ajudou a dar forma e contorno à sua vida. Mostraram-lhe o caminho. O que parece quando é real. Você foi um deles. Você não se sentia sozinho.

Até que essas formas viram armadilhas. Até que você não precise mais delas. Não porque estavam erradas, necessariamente, mas porque você seguiu adiante. É mais ANTES *versus* DEPOIS ou ENTÃO *versus* AGORA do que CERTO *versus* ERRADO.

Passamos muito tempo procurando e ansiando por terreno sólido, mas acabamos descobrindo que há algo melhor do que isso.

EXISTE O ESPÍRITO. VOCÊ TENTA ISSO, VOCÊ TENTA AQUILO.

Você se joga nisso e se segura sem força.

Você dá tudo o que tem ao admitir que é o que estamos fazendo agora. Quem sabe o que virá a seguir?

Você é apaixonado por suas convicções, é fiel a elas, e está alicerçado em sua integridade. Você é ágil, flexível, aberto e sempre atento.

O Espírito nunca para de se desdobrar, criar, sussurrar, gritar; de nos convidar para acompanhá-lo, para dar mais um passo e aproveitar *isso*.

Como você chama isso?

ESSA EXPERIÊNCIA QUE ESTAMOS TENDO, ESSA FONTE DE ONDE TUDO flui, essa sensação que você tem de que, quando alguém é profanado, todos nós o somos, essa consciência que você tem de que tudo está conectado com todo o resto? Uma palavra que as pessoas usam há milhares de anos é *Deus*. Ou *Espírito*. Ou *Fonte*. Ou *Supremo*. Ou *Aquilo a partir do qual nada maior pode ser concebido*. Ou *Fundamento do Ser*. Ou *Em que tipo de universo estamos vivendo?*

Viu o que acabamos de fazer? O momento em que você fixa a borboleta para poder estudá-la atentamente é o momento exato em que aquela borboleta não pode mais voar.

É o deslocamento, o movimento e o voo que convertem uma borboleta em uma borboleta.

As formas animadas não ficam presas em si.

HÁ MUITOS NOMES PARA ISSO. É PRECISO TER.

É por isso que, quando as pessoas defendem a existência de Deus, às vezes você tem a sensação de que, na verdade, elas O negam no processo. Exatamente. Ao tentar provar a existência de Deus, colocam-No nas mesmas velhas formas de todas as outras coisas, quando Deus é o nome para *Ser em Si.*

Deus não está separado do mundo, lá em cima, acima ou em outro lugar. Isso tornaria Deus uma forma como todo o resto.

A poesia faz um trabalho muito melhor de dar um nome ao divino: você tem vislumbres, instantâneos, presença, relâmpagos, dicas, placas que apontam para onde ir.

Porque, se você imobilizar o divino, simplesmente perde a essência primária dele.

Quando falamos sobre Deus, não estamos falando sobre o que existe ou não. Estamos falando sobre qual é a natureza *disso.* Esse mundo, esse fenômeno que sabemos ser vida, esse evento em que nos encontramos.

Não estamos tentando provar nada. Estamos nomeando *isso.*

Deus não é uma questão do que pode ou não estar lá em cima, acima ou por aí. Deus é o que está *dentro* de maneira inquestionável. E ninguém está discutindo sobre isso. Nós concordamos com esse *ser* que estamos experimentando.

Um verbo mais do que um substantivo. Uma direção tanto quanto um começo.

O que nos leva de volta para nós. O que sabemos sobre nosso universo é que ele nunca para de se desdobrar. Algo se liga com uma coisa e isso produz algo novo, e assim por diante, durante 13 bilhões de anos *até agora.* É uma realidade dinâmica. Sempre mudando. Até mesmo os nossos ossos são constituídos de átomos, que são relações de energia rodopiantes e frenéticas.

Levei anos para perceber que o fluxo constante da minha vida não é um problema. Ele é uma verdade sobre a natureza fundamental deste universo que chamamos de lar.

Descobri o que queria fazer da vida aos vinte e um anos. Naquela primeira palestra, no bosque de pinheiros do acampamento, tudo mudou. Aquilo deu direção e foco à minha vida. Foi como um renascimento.

E, ainda assim, desenvolver isso, seguir a vocação aonde quer que ela me levasse e descobrir como, onde e quando exercê-la exigiu tudo de mim. Prendeu-me no chão em frustração e desespero diversas vezes. Foi eufórico, estimulante, exaustivo, enlouquecedor. A lista é longa. Não porque algo estava errado, mas porque é assim que funciona.

Tudo faz parte.

PERCEBIA ALGO ACONTECENDO CADA VEZ MAIS DURANTE ESSE TEMPO, enquanto viajava, encontrava pessoas e participava de eventos. Era sutil e muito fascinante.

Foi entregue a um grande número de pessoas uma forma de ver o mundo que não funcionava mais. Lá no início, percebia essa desorientação e desconstrução acontecendo de vez em quando. Mas depois passei a observar isso em todos os lugares.

Estava em um novo espaço e as pessoas faziam perguntas. Percebi quantas vezes elas começavam com uma contextualização.

Antes de fazer minha pergunta, preciso falar sobre... ou *Só para contar um pouco da minha história...*

Desse jeito. Texas, Londres, Alabama, Toronto, Brasil, Austrália, Ohio, Fresno. A mesma coisa estava no ar em todos os lugares. A necessidade de me informar que existia uma história se desdobrando. Havia um histórico — que as pessoas viram algumas coisas, deixaram algumas coisas, estavam repensando tudo.

Ouvia perguntas diretas, perspicazes e sinceras sobre como seguir em frente quando alguém acabava de deixar todo um estilo de vida, quando nada mais parecia sólido, quando alguém tinha muito mais perguntas do que respostas. Quando a história que a comunidade havia contado não era grande o bastante para abarcar a que estava se desdobrando.

Inicialmente, procurei dar boas respostas. Mas depois, com o tempo, percebi uma movimentação logo abaixo da superfície.

Uma necessidade. De as pessoas saberem que não estavam sozinhas. De serem tranquilizadas acerca de que não havia nada de errado com elas. De terem toda aquela desorientação validada.

Ao ouvi-las, fui levado de volta à verdade sobre as partículas: que a observação do movimento de uma partícula afeta o que ela faz.

A visualização da partícula muda seu movimento. A medição da partícula altera o que ela faz. A observação da partícula afeta o curso que ela toma.

Essa verdade me lembra do que acontece quando um amigo está passando por um trauma, uma perda, ofensa ou traição e você vai até a casa dele. Você se senta ao lado dele e o abraça. Torna-se presente no sofrimento dele.

E o que ele diz depois?

— Obrigado, fez toda a diferença ter você perto.

Mas você não resolveu o problema, não é? Não o fez desaparecer, e ele permanece ali depois que você sai.

O que você fez foi testemunhá-lo.

E é isso que permanece com seu amigo, tanto que ele o menciona depois.

O seu testemunho do sofrimento afetou a experiência de sofrimento do seu amigo.

EM ALGUM NÍVEL MAIS FUNDO DO CORAÇÃO, O QUE TODOS NÓS QUEremos é que outro ser humano diga:
— Eu vejo você.
Esse é um dos grandes presentes que damos uns aos outros. Nós notamos. Reconhecemos. Vemos.
Essa única frase — *Eu vejo você* —, seja ela falada ou simplesmente experimentada, contém muito, explica muito...
Pense em quanta violência em nosso mundo vem das mãos daqueles que nunca se sentiram vistos. Quando não há empregos, educação, alternativas ou coisas básicas como comida, água e saúde — e ninguém parece se importar —, claro que as pessoas ficam com raiva. O problema se torna político, social e estrutural, mas muitas vezes começa profundamente pessoal: *ninguém está vendo*.
A injustiça, a opressão, a exploração, alguém escapando impunemente — e os que são capazes de impedir não estão vendo. Ou estão vendo, mas desviam o olhar, indiferentes.
E assim, como sempre acontece, o sofrimento se expande em círculos concêntricos externos, passando de uma pergunta para um anseio, para uma amargura machucada, para uma raiva latente, para uma bomba, para a eleição do candidato mais tóxico, em uma tentativa desesperada de explodir o sistema. Tudo isso costuma começar com aquele apelo inicial doloroso: *Você está vendo isso? Você está vendo o que estou passando? Você está me vendo?*

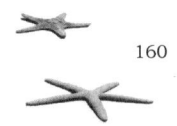

Percebi quantos de nós simplesmente precisamos saber que não estamos sozinhos, que não somos os primeiros, que a desorientação, a descoberta e o repensar de tudo é normal.

É claro. Costumava começar minhas respostas com essas duas palavras. *É claro que você se sente assim.* Prestava atenção, quando dizia isso, na linguagem corporal das pessoas, o quanto elas relaxavam. Às vezes, lágrimas rolavam. Muito medo e muita tensão reprimidos; todas aquelas horas e aqueles anos se perguntando se havia algo errado com elas. Novas formas são necessárias, e isso geralmente requer um passo para o desconhecido, o que muitas vezes coloca um pouco de medo à espreita.

É claro que você está mancando um pouco. É claro que isso pode fazer você se sentir zonzo. É claro que é solitário de vez em quando.

O Espírito se move. As formas antigas não funcionam como antes. *É claro que isso é desestabilizador. É claro que isso pode dificultar a distinção das coisas. É claro que pode parecer que era mais fácil naquela época.*

Tantos ouviram de sua comunidade de origem que haviam perdido o rumo. Tantos ouviram que estavam pisando em terreno perigoso ao dar atenção a ideias novas e questionáveis.

Eu lhes falava sobre a palavra *radical*. Vem do latim *radix*, que significa raiz.

Radical não é a pessoa que se desviou do caminho e se perdeu. Radical é aquele que voltou às origens, às raízes, ao que era no começo de tudo. Às vezes, a comunidade perde o rumo; às vezes, aqueles que se dizem ortodoxos, corretos e puros se descontrolam; às vezes, é a nave-mãe que perde o rumo; e é o radical que de fato redescobre o verdadeiro caminho.

Bem-vindo à tradição.

Costumo dizer sempre isso. Bem-vindo ao caminho que as pessoas trilharam por milhares e milhares de anos. Digo que, quando procuramos ouvir o Espírito e segui-lo por novas criações, estamos nos juntando a um número incalculável de pessoas de todas as épocas. A dor, o questionamento, os primeiros passos hesitantes em um novo território podem ser solitários. Também podem nos conectar. Estamos experimentando o que as pessoas experimentaram. Estamos sentindo o que elas sentiram. Não estamos sozinhos nisso, estamos nos juntando a massas enormes. *Bem-vindo à tradição.* Digo isso às pessoas. Repito isso a mim mesmo, muitas vezes. *Bem-vindo à tradição.*

Há chuveiros na praia perto de onde eu surfo.

COSTUMO PARAR E LAVAR A ÁGUA SALGADA DA MINHA PRANCHA A caminho do meu carro. Muitas vezes, de manhã, vejo pessoas ao meu redor que passam a noite na praia e usam aqueles chuveiros. Em geral, elas têm um carrinho de compras na calçada, perto daqueles chuveiros, ou uma bicicleta carregada de sacos plásticos e roupas. Algumas delas têm um cachorro.

Às vezes conversamos; outras vezes, aquelas pessoas estão no próprio mundo, e eu no meu.

Há um homem que dorme no beco atrás de uma loja no final do nosso quarteirão. À noite, eu o vejo quando levo nosso cachorro para passear. Dizemos olá um ao outro. Ele tem um balde de água que usa para se limpar de manhã, pouco antes de a loja abrir. Depois ele some, e volto a vê-lo à noite.

Na esquina, alguém montou uma barraca perto da loja da UPS. Há um aspirador de pó na calçada ao lado da barraca. Há outra barraca perto da loja de um dólar alguns quarteirões adiante que foi montada sobre um belo tapete.

Li que, segundo a última estimativa, há 60 mil pessoas sem casa na área da grande Los Angeles. Nem sei como começar a processar esse número. *Sessenta mil.* É um problema, uma emergência, uma crise. São muitas coisas ao mesmo tempo.

Há artigos sobre isso nos jornais todos os dias. A respeito *deles*. Existem grupos comunitários, organizações não governamentais, declarações da prefeitura e novas iniciativas relacionadas à habitação e à saúde mental. Há um outdoor a alguns quarteirões de nossa casa anunciando um novo podcast dedicado a essas questões.

É opressor. E esse número: sessenta mil. Esse número me faz pensar em todos aqueles bilhões e bilhões de átomos e partículas que constituem você, *você* e eu, *eu.*

Se duas partículas estão ligadas e depois se separam, continuam a demonstrar consciência uma da outra. Separe duas partículas, mudando o spin de uma, o spin da outra também vai mudar. Isso acontece independentemente da distância entre elas, sem nenhuma comunicação entre as duas. Cada uma sabe o que a outra está fazendo, muito depois de terem se separado.

E você e eu somos feitos de bilhões e bilhões e bilhões dessas ligações e separações, idas e vindas, uniões e divisões, todas mantendo uma consciência mútua depois que se separaram.

Isso é chamado de *emaranhamento.*

Você já esteve com alguém e, horas ou dias depois, parece que ainda está carregando aquela interação, como se a outra pessoa ainda estivesse com você de uma maneira difícil de definir?

Você já teve a consciência de que muito mais coisas aconteciam no espaço entre você e outra pessoa, que não consegue descrever usando palavras?

Quem sabe o que acontece no espaço entre nós? Que tipo de trocas estão ocorrendo entre nós, literalmente em nossos corpos? Quem sabe quão entrelaçados estamos uns aos outros?

Isso me lembra o poema da criação do Gênesis, em que o poeta descreve a energia do Espírito que se moveu através de toda a criação, acionando e ativando toda a ligação e a união.

Ao longo da história, muitas tradições nomearam essa energia estimulante de diversas maneiras. Na tradição antiga de Jesus, chamaram de *Cristo*.

Escreveram como tudo passou a existir por meio de Cristo. Falaram dessa mesma energia estimulante dele que forma o Sol e as estrelas, e cada um de nós. Há algo do universo em cada um de nós.

Então, entenderam que esse Cristo é, ao mesmo tempo, *universal* e *particular*. *Cósmico* e *pessoal*.

O mesmo Cristo, que estimula e energiza tudo. No Novo Testamento, há um versículo: *Ele mantém todas as coisas unidas.*

Tudo. Todos nós. Todo mundo, em todos os lugares, *em* Cristo.

Esse é um dos motivos pelos quais o movimento inicial de Jesus cresceu com tanta paixão e intensidade. No mundo antigo, brutalmente hierárquico, onde grandes impérios oprimiam e dominavam os vulneráveis e marginalizados — onde todos conheciam seu lugar —, proclamar que havia dignidade e honra no ser humano e que em cada um existia mérito e valor infinitos era uma ideia radical.

Era uma boa notícia. Ainda é.

Você não é um objeto, nem um joguete, nem um acidente, não é descartável, não está aqui para ser pisado ou explorado em troca do seu trabalho, corpo, valor de produção ou voto. Você possui Espírito. Pessoal, íntimo, infinito, inteligente, Espírito. Você reflete o divino, presente em cada um de nós. Você está *em Cristo*.

Aqueles primeiros autores usaram uma imagem específica para descrever essa unidade coletiva da humanidade. Eles nos chamaram de *corpo*. O *corpo* de Cristo.

Todos nós, todos os seres humanos de todos os tempos, todos juntos, nos somamos a algo. O corpo de Cristo.

Isso é o que o universo tem feito o tempo todo. E é muitíssimo misterioso. Porque, quando átomos se ligam com átomos, isso cria uma molécula. Uma molécula não é apenas um grupo de átomos, ela tem propriedades e características que não estão presentes nos átomos. Algo a mais surge quando você soma átomos, algo que você não consegue localizar dentro dos átomos.

Algo novo.

Como uma revoada de pássaros. Eles voam, viram para um lado e depois viram para outro. Qual pássaro decide para onde o bando voa? Nenhum deles. Quando os pássaros voam juntos, eles desenvolvem uma espécie de mente compartilhada, que não existe individualmente, apenas quando os pássaros estão juntos.

Um pouco como 2 + 2 igual a 17. O mesmo acontece com as moléculas. As moléculas se ligam com moléculas e formam células, que possuem propriedades que não estavam presentes antes.

Então, quando nos reunimos como seres humanos, algo novo é criado, algo que não está presente em nenhum de nós. Formamos algo juntos. Um corpo.

A certa altura, Jesus diz a seus discípulos:

— Vocês estão em mim e eu estou em vocês.

Em outra ocasião, ele diz:

— Eu estou sempre com vocês.

Outra vez, ele diz:

— Este é o meu corpo.

Sim, claro, um corpo. Todos nós, parte do mesmo corpo. Esse é o nosso corpo. Todos nós entrelaçados.

Se um médico disser que tem alguma coisa errada com sua perna, você não vai rir e dizer que não importa. Você vai ficar assustado e procurar ajuda imediatamente, porque o que está acontecendo em uma parte do seu corpo afeta inevitavelmente o resto dele. E você o tem. É seu corpo.

Cada parte em todos os lugares existe dentro de um todo. Todas as divisões ocorrem dentro de uma unidade.

TODOS OS DIAS EU VEJO ESSAS PESSOAS AO MEU REDOR, SOMANDO-SE aos 60 mil, e cada vez mais uma sensação cresce em mim, relacionada à palavra *eles*.

Acho que "eles" enfraquece à medida que outra palavra ocupa seu lugar: *nós*.

Menos *eu* e *eles* e mais *todos nós, juntos nisso*.

Sim, isso é um problema. Sim, isso é uma crise. Também é a verdade de um corpo. Nosso corpo. O corpo que todos nós formamos juntos.

Alguma coisa não está funcionando no modo como organizamos nossa vida em comum para um número crescente de pessoas.

POSSO VER "ELES" COMO UM PROBLEMA A SER RESOLVIDO. TAMBÉM posso vê-los como mensageiros enviados para nos trazer a verdade a nosso respeito.

Porque, se não está funcionando para algumas pessoas, no final das contas, não está funcionando para ninguém.

QUANDO LEVO VIOLET PARA A ESCOLA, VEMOS OUTDOORS. CENTENAS de outdoors estão por toda parte em Los Angeles. E a maioria deles me diz que não tenho alguma coisa e que, se eu a tivesse, minha vida seria muito melhor. Falam-me de falta, carência, ausência.

Tento ignorá-los. Tenho que ignorá-los. Porque, se eu lhes desse alguma atenção mais substancial, isso me levaria à loucura. A mente e o coração simplesmente não podem suportar esse nível de bombardeio. De ser alvo de tanta propaganda. O mesmo acontece em relação à internet. Bilhões de dólares sendo gastos todos os dias para manter os nossos olhos fixados na tela em busca de mais um clique.

Tudo isso é novo. Ninguém nunca passou por isso antes. Sob vários aspectos, é como um experimento, do qual estamos recebendo os resultados. E o que estamos descobrindo é que esse sistema moderno pode facilmente levar à loucura.

Esta palavra: *loucura*. Reparo quantas pessoas a usam regularmente. *Como estão as coisas? Ah, sabe, estão uma loucura. Sim, eu sei como é, tem estado uma loucura ultimamente.*

Como essa palavra foi normalizada? O que há com o ritmo de vida, com o burburinho da vida, com a insanidade da vida moderna, que esse se tornou um termo que as pessoas usam frequentemente com uma expressão séria para descrever o que estão experimentando?

Meu filho Trace me contou que, em uma das aulas na faculdade, o professor perguntou aos alunos por que eles haviam escolhido aquela especialização, e a maioria respondeu que era porque os empregos naquela área específica pagavam salários melhores.

> Temos um problema com as escadas. Elas estão encostadas nos prédios errados. Algumas não estão encostadas em nada.

ESTAMOS TODOS ENTRELAÇADOS, E ESSAS PESSOAS QUE VEJO TODOS os dias pedindo dinheiro, perambulando no trânsito, dormindo na frente de lojas e em bancos em toda a minha vizinhança estão nos contando algo sobre o nosso corpo. Sobre para onde tudo isso está indo. Sobre quem estamos nos tornando. Sobre como esse sistema não está funcionando para alguns, o que significa que não está funcionando para ninguém...

Essa verdade a respeito de como todos estamos conectados suscita uma questão sobre o universo em que vivemos, o mesmo que se desdobra e se expande há mais de 13 bilhões de anos, que produz constantemente novas vidas e novas formas.

O universo está feito?

A certa altura, os átomos eram novos. Depois, as moléculas eram novas. O universo não as tinha tido antes. E, em seguida, as células surgiram. Foi a primeira vez.

O universo está pronto ou segue em frente?

E, se segue em frente, existem coisas novas, desconhecidas agora, que passarão a existir em algum momento no futuro? E como seriam?

Você e eu somos como células que constituem um corpo maior? É essa a nova camada que ainda não surgiu no universo? Algo novo que o universo não viu antes? O que acontece quando nos reunimos? Juntos formamos um corpo no decorrer dos tempos?

Uma nação, um país, um estado, um planeta: são todos corpos. Se milhões de pessoas passam fome, sentem raiva, estão ressentidas ou se sentem excluídas e esquecidas, isso afeta o corpo inteiro. Somos todos parte do mesmo corpo.

Óbvio e revolucionário.

Não levar a sério o que *essas* pessoas sentem, o que *elas estão* passando ou o que têm experimentado é negar e evitar o que está presente no NOSSO corpo.

Se é problema delas, então é problema nosso.

Um corpo não pode ser contra si mesmo.

O ódio na internet, o racismo, a violência, a polarização crescente, a diferença cada vez maior entre os ricos e todas as outras pessoas — a lista continua —, tudo isso nos aflige, nos provoca e nos agita, porque intuitivamente sabemos que estamos aqui para nos reunir para fazer algo novo que o universo nunca teve antes.

As diferentes partículas ali no início formaram um único universo. O mesmo aconteceu com os átomos e as moléculas; todas as diferenças e divisões entre eles ocorreram dentro de um *todo* maior.

Essas são verdades celulares, atômicas e moleculares. Também são verdades sociais, políticas e econômicas. Seu corpo possui todas essas diferentes partes, mas tudo faz parte do seu único corpo. Toda essa diferença acontece dentro de uma unidade maior. Você é um e você é muitos. Nós somos um e nós somos muitos.

É por isso que a divisão, o sofrimento e o ressentimento que vemos ao nosso redor nos afetam. No fundo sabemos que esse não é o caminho a seguir porque, para estarmos aqui, algo tinha que se ligar com algo parecido, repetidas vezes.

Sentimos isso em nossas células, porque, para nós sermos quem somos, *isso é o que vem acontecendo em nossas células.*

Pode ser doloroso testemunhar, mas nada está isolado no final das contas: matéria são relações, todas as divisões existem dentro de uma unidade maior *e tudo está relacionado com todo o resto.*

Pense na pessoa mais desagradável que você conhece. Alguém que tenha a capacidade sobrenatural de irritá-lo.

Pensou? Ótimo. Agora, imagine-a como sua professora, que está em sua vida para lhe ensinar algo.

Eu sei, é bem difícil no começo. É como um músculo, leva tempo para construí-lo. Imagine que ela está aqui para mostrar algo a você, para ensiná-lo a participar mais plenamente da maravilha, do mistério e da vitalidade da sua vida.

Algumas perguntas: Por que ela te incomoda? Por que ela te irrita? Você consegue nomear isso?

Agora, isso está presente em algum lugar dentro de você? Você está completamente livre disso? Ou existe algum medo dentro de você à espreita de que você e essa pessoa dividam essa mesma característica? É por isso que ela tem essa capacidade única de provocá-lo?

Ela veio para ajudá-lo a ver o que você tem medo que possa ser a verdade sobre si mesmo? Ela o provoca porque segura um espelho na sua frente e você não gosta do que vê? Dessa maneira, você não é livre, e a alegria está em ser livre. Que presente é essa pessoa!

Ou talvez não. Talvez seja algo terrível o que ela faça e não esteja em nenhum lugar de você. Então pergunto: *Por que você se importa tanto?*

Muitas pessoas fazem coisas horríveis. Por que essa pessoa específica e essas coisas que ela faz? Essa pessoa inflama as energias dentro de você porque isso é algo que você está aqui para fazer, mas não faz? Ela foi enviada para despertar você para o seu trabalho no mundo? E há algo prendendo você, um medo, uma hesitação, uma insegurança, qualquer coisa que não enfrentou? E a pessoa é como uma flecha gigante, que aponta para isso, insistindo que você pode enfrentar qualquer coisa, que você pode penetrar no cerne disso, que há uma nova vida ali. Que presente é essa pessoa!

Ou essa pessoa incomoda você porque é livre de uma forma que você não é? Você se ressente dela porque ela caminha com as próprias pernas e agora voa, e você ainda está amarrado? Sente medo? Não quer decepcionar alguém? Você pode falhar? As pessoas podem não entender se você alcançar a plenitude de quem você está aqui para ser? É por isso que a pessoa inquieta você? Que presente!

Você percebe o que acabou de acontecer? Você começou com as partes. *A pessoa. Você.* Você aceitou as diferenças entre vocês, não as ignorou, não as negou nem fez de conta que não estavam ali. Em seguida, entrou naquelas partes e diferenças. No constrangimento, no sofrimento, no conflito. Em vez de se afastar, você se aproximou. É como se você estivesse à procura de um convite no espaço entre vocês dois. Um convite para você crescer, aprender, se expandir, se tornar maior.

Você parou de enxergar partes isoladas e começou a vê-las como um todo, em que tudo está relacionado com todo o resto.

VOCÊ DEIXOU PARA TRÁS UM MUNDO DE *RÓTULOS E DIVISÕES*, DO "eu estou deste lado e eles estão do outro", de "quem eles pensam que são?", de "eles são o problema!" e "é por causa deles que estamos nessa confusão!". E milhares de outras coisas que são ditas e pensadas ao nosso redor milhões de vezes por dia.

É bastante exaustivo. Todo esse apego e avidez. Muita identidade e muito valor vindos de *não ser o outro*.

Há vitória e derrota. Sucesso e fracasso. Pessoas que você admira e não admira. Amigos e inimigos. Alcançar ou não seu objetivo. Ser capaz ou não de pagar suas contas. Vida e morte. Essas categorias — essas partes — são reais. Tudo isso faz *parte* do que dá vida à vida. Mas há esta palavra: *parte*. São partes.

Um por aqui, outro por ali. O que você queria que acontecesse pode *acontecer,* mas há a possibilidade de que não *aconteça.*

Sempre que há *esse lado* e *aquele lado, esse resultado* e *aquele resultado*, há algo que sustenta a ambos.

O convite — e sempre existe um convite — é aceitar as partes pelo que elas são e, em seguida, vê-las dentro do todo. Há *eu* e *eles*. E então você segue em frente e você descobre o *nós.*

No outono de 2017, escrevi uma peça. Nunca tinha escrito uma peça antes.

ENVOLVE QUATRO ALPINISTAS QUE VÊM DE DIREÇÕES DIFERENTES E todos chegam ao topo de uma montanha ao mesmo tempo. É uma parábola absurda e surreal, repleta de personagens estranhos e reviravoltas ainda mais estranhas. Mostrei o roteiro para minha amiga Kristin, que é diretora de teatro, e ela disse que queria dirigi-la. Escolhemos o elenco e depois fizemos uma série de leituras em um teatro do meu bairro. Todas as noites, eu ficava sentado na plateia observando como as pessoas ao meu redor absorviam o texto. Sentia muita alegria quando as via rindo.

Diversos teatros se interessaram pela peça, por isso enviamos o texto. E começamos a receber NÃOS. As pessoas diziam coisas maravilhosas sobre a peça e, em seguida, afirmavam que não tinha o perfil certo, que o teatro estava reservado pelos próximos dois anos, que não era o tipo de peça que apresentam, que estavam procurando outra coisa, que encenavam obras baseadas em personagens e não parábolas surrealistas.

Um NÃO após o outro. Eu gosto dessa peça e quero vê-la plenamente encenada. Outro NÃO. Há uma mensagem em seu âmago e acredito que o mundo precisa dela agora mais do que nunca. Outro NÃO.

Meus amigos me perguntavam como estava indo. No início, respondia que havia muito interesse e que estava aguardando para ver o que acontecia, que era tudo muito empolgante etc. etc. Porém, conforme as respostas negativas se acumulavam, comecei a dizer a verdade. *Estamos recebendo muitas rejeições.*

Certo dia, almoçando com alguns amigos, eles me perguntaram sobre a peça. Percebi que, ao responder que continuávamos recebendo NÃOS, senti algo tomando conta de mim: uma energia, uma paixão, uma explosão. Contei a eles sobre as rejeições como se fosse uma boa história. Como se eu acreditasse nessa história, como se ela merecesse ser contada. Na verdade, eu gostava de contar sobre todos esses fracassos para eles. Disse NÃO com um pouco de força, como se estivesse pregando uma peça em mim mesmo. Ri disso.

Afinal, era uma peça. Uma brincadeira. Tudo o que você precisa saber está nesta palavra: *peça*. Ao contar para os meus amigos, sentados ali na hora do almoço, essa história do NÃO, brotou em mim um desafio, uma energia, uma alegria. Não uma derrota, mas uma vitalidade.

Aos poucos, comecei a ver que tudo está planejado em favor do nosso crescimento.

O UNIVERSO VEM SE EXPANDINDO HÁ 13 BILHÕES DE ANOS E NUNCA para de nos convidar a expandir-nos junto com ele. Então, tudo o que aparece em nosso caminho é mais um convite para crescermos. As respostas SIM, as respostas NÃO. Os ataques de fúria, as injustiças, os erros. Tudo isso. O sucesso e o fracasso. A aceitação e a rejeição. Há algo à espreita em tudo isso. Um convite em tudo isso. O universo está armado em favor do nosso crescimento.

Penso em todas as pessoas que me comoveram ao longo dos anos. Os inovadores, os ativistas, os mentores e as vozes, os que defenderam algo e foram baleados, ridicularizados, rejeitados e criticados.

O que fez com que essas pessoas mudassem, deixando-as mais fortes, mais resilientes, mais comprometidas.

Essas pessoas enfrentaram muita resistência, mas seguiram em frente — é a história que contamos a respeito delas. Tudo NÃO se converteu em uma nova vida. Em um novo compromisso. Em uma nova dedicação. Em uma nova ajuda a outros que precisavam.

Elas tocaram em alguma totalidade, alguma verdade, alguma fonte muito além de todas as partes, as divisões, todos os SINS e todos os NÃOS.

Ser em Si. Eu sou. Você se baseia nisso, e é tudo isso. Você se enraíza na fonte e no Espírito além das formas, das categorias e dos rótulos. Você ouve, segue isso e avança, com ou sem resultado. Sim. Não. Você ganha, você perde. Você está jogando um jogo diferente. Você está nisso pela vida que existe ali.

Estou aprendendo que a vida se encontra em tudo isso.

CONTINUO VOLTANDO PARA A PALAVRA *PEÇA*. *É UMA PEÇA, ROB.* Isso significa alguma coisa. É o que continua ressoando na minha mente e no meu coração. *É uma peça. Tudo.*

Em janeiro de 2019, tive uma ideia para um livro.

ESCREVO LIVROS DESDE 2004. UM NOVO A CADA UM OU DOIS ANOS. Sempre tive três, quatro ou cinco ideias e esboços de livros que passavam pela minha cabeça. Em várias ocasiões, terminava de escrever um e começava o próximo *no dia seguinte.*

E então o poço secou. Não fazia ideia do motivo. Não escrevia um livro fazia mais de três anos. Não tinha ideias atraentes para um. Perguntava-me se estava farto de escrever livros ou se foi uma fase que agora estava acabando.

Mas então tive uma ideia, que veio rapidamente. Não conseguia digitar rápido o suficiente. Era uma explosão frenética de ideias, insights e conexões, que se autoalimentavam e depois avançavam. Havia ali uma história sobre a loja Vans, na Califórnia, que eu frequentava na infância. Um trecho sobre como o fato de observar a partícula afeta o que ela faz. Isso está em todo lugar.

Queria que parecesse mais com um passeio do que com uma leitura, como se você tivesse sido pego por um refrão extenso sobre vida e morte, arte e ciência, que mostra como é incrível estar vivo de uma maneira que deixa você sem fôlego e inebriado no final.

Aquele primeiro rascunho saiu como uma explosão. Página após página. Dia após dia.

Eu sempre volto a essa verdade de que tudo está conectado a todo o resto; tudo é um convite interminável para participar.

Estava muito feliz porque não escrevia havia anos e esse livro vinha com bastante fluidez. Uma grande ideia depois da outra...

Mas faltava alguma coisa. Não sabia o quê. As ideias estavam lá, e a escrita parecia vigorosa, como se eu estivesse caminhando nessa linha fina entre o frenético e o focado, exatamente o que acho que um livro requer. Mas ainda faltava alguma coisa. Não conseguia descobrir o quê.

Fiquei sentado com ele por dias, semanas, tentando descobrir. Em alguns momentos, permanecia sentado durante horas e não digitava nada. Em outros, digitava sem parar e, no final do dia, apagava tudo o que havia escrito.

E, então, sem mais nem menos, eu me lembrei de como minha avó costumava guardar dinheiro no sutiã. Não pensava nisso havia anos. De onde esse pensamento tinha vindo? *Devo contar essa história no livro?* Sim, eu acho. *Mas onde? O que isso tem a ver com o resto?* Não sei. E me perguntei: *E se o livro começar assim?* A ideia era tão absurda que resolvi tentar. *Ah, que interessante.* Eu me vi com minha avó, nós dois sentados naquela varanda, conversando de vez em quando ou quietos, às vezes apenas sentados ali ouvindo o vento.

Senti essa estranha ternura no meu coração, como se eu estivesse lá naquela varanda, entre a condição de menino e a de homem. Esse novo espaço se abriu dentro de mim. Lembrei-me de como ela falava sobre Preston. E escrevi um pouco sobre ele. Então, escrevi sobre Douglas. E depois sobre o meu pai.

Digitei a parte em que ele fica sabendo da morte do pai dele no carro, a caminho do funeral.

Consegui sentir as lágrimas brotando. Continuei contando a história de como assimilei aquela perda desde muito jovem. Não tinha percebido isso antes. Foi *isso que aconteceu?* De repente, uma parte da minha história fez um pouco mais de sentido. Comecei a chorar, sentado ali escrevendo tudo isso. Ao longo dos anos, passei muito tempo vasculhando minhas entranhas, pesquisando minha história, mas isso era novo.

Voltei no dia seguinte e continuei. Mais história e mais lágrimas.

O sofrimento era tão agudo que me penetrava; e ainda assim havia muita energia ali. Como se eu não conseguisse segurar as palavras.

Eileen, Preston, meu pai, seu irmão, meu filho Trace, meu filho Preston. Violet. Foi como cutucar uma ferida, deixando-a exposta.

De onde vem isso?, eu me perguntei. *Por que essa história está me enternecendo assim?* Ela fazia com que eu me sentisse pequeno. Como uma criança.

Eu queria que este livro fosse um grande livro, com ideias ainda mais grandiosas. As maiores ideias possíveis. Eu queria que fosse surpreendente, que mostrasse a você a sua vida e o universo de uma forma totalmente nova.

Mas então estou escrevendo sobre a minha avó.

E é ainda mais inesperado o fato de aqui estar todo o poder para mim. *Isso* parece imenso, como se todas aquelas grandes ideias se encaixassem muito bem ao lado de todas as perdas, os sofrimentos e as possibilidades.

Eu estava me perguntando: *De onde vieram essas grandes ideias?* Em seguida: *Quando eu me deparei com elas pela primeira vez?* Em seguida: *Como era quando todas essas ideias eram novas para mim?* Em seguida: *Como comecei a ver o mundo como vejo?* Em seguida: *Como vim parar aqui?*

E me peguei querendo saber como seria este livro, um livro em que investigo a origem dessas ideias, quando tudo era novo.

Um livro sobre o que aconteceu e o que isso fez comigo.

O que me leva de volta à fazenda. E à cabana. E ao solo, à areia e à água, e a essa sensação de que há mais acontecendo aqui.

Num sábado, Kristen e eu estávamos com nossa amiga Sheryl. A última vez que a tínhamos visto foi em uma apresentação que eu tinha feito no Brooklyn. Sheryl é atriz e diretora, e ela me dizia o que havia achado da minha apresentação. Ela sabe muito sobre dinâmica de performances e apresentações, e sou como uma esponja ao seu lado. Sheryl possui essa força e uma fundamentação universal de mãe terra que envolve completamente. É uma autenticidade implacável, o que o faz sentir-se tão amado e valorizado que você quer a verdade sem retoques. Você quer que ela diga como realmente é. Em algum momento, no meio da nossa conversa, eu mencionei como havia cadenciado a apresentação, para que, aos poucos, fizesse cada vez mais sentido e, então, com sorte, no final houvesse aquele grande instante de descoberta e tudo se unisse. Usei a palavra *recompensa*, como em: "E então, no final, há essa grande recompensa". Sheryl me interrompeu. E discordou:

— Não, Rob Bell — ela disse.

Então, Sheryl começou a explicar que ela vinha às minhas apresentações não porque eu sabia algo que ela não soubesse, e que lhe revelaria, mas porque, dizia ela:

— Todos nós descobrimos com você.

Isso me desconcertou. E ela seguia:

— É tudo recompensa, Rob Bell.

Fiquei tão estupefato que demorei um pouco para me recompor. *É tudo recompensa.*

Sabe aquela sensação de uma queda súbita que temos quando o elevador desce inesperadamente apenas uns dois centímetros? Foi o que senti em meu coração quando ela disse isso: *É tudo recompensa.*

Naquele momento, percebi algo que não tinha percebido antes. Uma armadilha. Uma armadilha em ser Rob Bell.

Fui transportado alguns anos de volta no tempo. Para todas as horas de estudo, aprendizado, absorção de informações, pensamento e reflexão sobre as grandes ideias a respeito de graça, amor e Espírito. Aquilo foi muito bom e necessário. Contudo, bem aos poucos, funcionou como uma espécie de feitiço em mim. Eu sei algumas coisas. Eu adoraria contá-las a você. Ficaria feliz em apresentar e ensinar todas elas.

Vejo o que isso pode render com o tempo. Pode separar: eu *aqui* e os outros *ali*. Eu falando e os outros ouvindo. Eu escrevendo e os outros lendo.

E isso é verdade, em certo sentido. Existem partes. Cada um de nós tem um papel a desempenhar. O nosso dom a oferecer. Mas também existem totalidades. Eu sou eu, sim. E também sou todos.

Quando eu olhar fundo o bastante dentro de você, vou me encontrar. Quando eu olhar fundo o bastante dentro de mim, vou encontrar você.

LOCALIZO ALGO MAIS PROFUNDO DENTRO DE MIM: UM IMPULSO, UMA postura. Há uma dimensão espacial nisso. Estou rindo, piscando, sorrindo e dando as boas-vindas a todos. No entanto, muito sutilmente, sou eu *aqui* e os outros *ali*.

Aguenta firme, pessoal, a recompensa está chegando. Estou prestes a mostrar a vocês...

Mas Sheryl disse que tudo é recompensa. Ela não vinha porque eu estava aqui e ela ali. Ela vinha porque estávamos todos no mesmo lugar, descobrindo juntos.

Mais tarde, naquele verão, fui para São Francisco em uma das escalas da minha turnê de palestras. Estava sentado em uma banqueta e recebi pessoas que chegaram duas horas mais cedo para uma sessão de perguntas e respostas antes da apresentação.

ELAS PODIAM PERGUNTAR O QUE QUISESSEM. ADORO ISSO. APRENDO muito.

Logo no início, uma mulher sentada na primeira fileira fez uma pergunta. Ela me disse que seu marido havia cometido suicídio recentemente e que ela estava se esforçando para descobrir como acreditar na existência de algo bom no mundo após uma coisa daquelas. Ela perguntou sobre sofrimento, Deus, perda, acreditar ou não acreditar, e como continuar depois do que se passara.

Pude sentir que todos se inclinaram para prestar atenção. A atmosfera mudou um pouco. Ninguém se mexeu.

Fiz uma pausa. Coloquei a mão no coração. Tenho feito muito isso ultimamente — colocado a mão no coração antes de falar. Um gesto que me lembra de permanecer aqui, em meu coração, em meu corpo.

Um eu do passado teria despejado palavras naquele momento. Venho de uma tradição intelectual específica, que atribui grande prioridade à mente: analisar, especificar, definir, dar alguns passos práticos.

Enquanto ela fazia a pergunta, minha mente trabalhava como havia feito durante anos, correndo em busca de respostas, informações, parágrafos bem construídos, histórias e exemplos.

Podia fazer isso o dia todo.

Porém, havia naquilo uma armadilha que nos separava. Eu aqui e ela ali. Ela fazendo as perguntas e eu o homem das respostas.

Separação não era o que eu estava procurando. Estava atrás de outra coisa...

Mantive a mão no coração. *Não, ainda não. Não fale. Ouça. Junte-se a ela.* A história é a verdade. O mistério nasce nos corpos. É tudo recompensa. Eu entendo o arranjo. Tinha consciência de que aquelas pessoas haviam pago a mais por um ingresso especial e um assento melhor para estarem em uma sessão de perguntas e respostas com Rob Bell antes da apresentação, fazerem perguntas e receberem minhas respostas. Eu lidava bem com aquilo. Se essa era a porta pela qual todos nós havíamos entrado, tudo bem.

Era uma forma e não havia nada de errado com ela. Ela nos havia trazido ali, juntos.

No entanto, aquele era apenas um ponto de partida. Uma premissa. Um arranjo. Uma porta para outro recinto. Se começássemos comigo *aqui* e ela *ali*, tudo bem. Mas o que era interessante para mim, o que me movia e abria meu coração era começar aqui e depois seguir aonde quer que fosse. Sem controle, com escuta. Com seguimento. Com presença. Estava à procura do momento em que as fronteiras se dissolveriam de uma nova maneira e seríamos nós, juntos, indo para um novo lugar.

O momento em que eu me encontro em você e você se encontra em mim.

VAMOS CAMINHAR JUNTOS.

Perguntei se ela estava de luto por duas mortes. A de seu marido e de seu Deus. Ela fez que sim com a cabeça. Ambos haviam morrido.

— Sim, foi isso que aconteceu — ela confirmou.

Porque é isso que costuma acontecer. Temos todo um mundo construído ao nosso redor e, então, experimentamos um trauma em que perdemos muito mais do que aquilo de que nos damos conta à primeira vista.

Perguntei-lhe se o Deus que não permite que maridos se matem havia morrido quando o dela morreu.

— Sim — ela respondeu.

O espaço mudou um pouco. Estávamos nos movendo. Podia sentir isso sutilmente. Quando ela fez sua pergunta, eu tinha consciência do espaço. Já tinha notado aquilo mil vezes, sentindo as pessoas se perguntando: *Como Rob vai responder a isso?*

Poucas pessoas querem se sentar em uma banqueta e responder a perguntas sobre suicídio.

Porém, naquele momento, estávamos lentamente superando o arranjo em que eu era o homem das respostas, presente ali para responder a perguntas difíceis.

Estávamos nos mesclando só um pouco, superando a forma que havia nos trazido ali...

Falei a ela sobre minhas próprias experiências com a agonia de Deus, como Jesus na cruz, dizendo: *Meu Deus, meu Deus, por que me abandonaste?*. Era o dia em que Deus se tornava ateu.

Ela sorriu pela primeira vez. Falei o que havia aprendido sobre como alguns deuses tinham que morrer. Eles ajudavam por um tempo, proporcionavam estrutura, significado e alguma ordem, até que não mais.

Perguntei a ela sobre aquilo. Ela tinha muito a dizer. Aprendi com ela.

Uma troca começou a surgir. A história dela. A minha história. As pessoas sentadas ao nosso redor. O mistério nascia nos corpos.

Recoloquei minha mão no coração. *Não se apresse*, disse a mim mesmo. *Não conserte isso, porque você não pode consertar. Esse sofrimento, essa dor, a perda dela. Não pense que a mente pode resolver isso. Não pode. Desacelere. Fique aqui. Tudo de que você precisa está bem aqui,* lembrei a mim mesmo.

Eu tinha aqueles velhos impulsos — moldados por anos tentando ajudar pessoas — que me incitavam a correr para dar a resposta, para dizer a todos que tudo ficaria bem, para estar um passo à frente do sofrimento com ideias, verdades, insights e esperança. *Só seja engraçado, siga adiante, continue falando, faça alguma coisa para que não tenhamos que nos demorar na situação e senti-la plenamente.* Aqueles impulsos vinham de um lugar bem profundo em mim.

Eu podia senti-los desaparecendo. Eles simplesmente não tinham sobre mim o poder que costumavam ter.

Ouça. Foi o que eu escutei. *Ouça.* Perguntei a ela se podia lhe dar uma imagem que havia me ajudado. Ela assentiu.

No antigo poema do Gênesis, aquele que dá início à Bíblia, tudo começa com o caos, o vazio disforme e a escuridão pairando sobre as águas. Na antiga consciência hebraica, a água é o desconhecido. As profundezas. O abismo.

E, no poema, o Espírito está pairando sobre essas águas. Essa palavra ali, *pairar*, traz a imagem de um pássaro batendo as asas, pairando... E então o Espírito adentra essas águas e delas cria algo novo. Algo vasto, extenso, belo e diverso.

Deus, eu amo essa imagem. O poeta descreve toda a beleza, a bondade e o propósito desse mundo surgindo do caos e do abismo disforme.

Conhecemos essas águas da perda, do sofrimento, do pesar, das feridas e do não saber o que fazer, para onde ir ou como lidar com a agonia da vida. Conhecemos essas águas. Há Espírito ali, pairando, esperando para trazer algo novo para fora. É por isso que as pessoas que mais nos inspiram *sempre* passaram por essas águas. Elas experimentaram esse ato de pairar. Viram essa nova criação.

A mulher sabia do que eu estava falando, ela me disse.

Para lá e para cá, nós nos movemos como numa dança. Pesar, perda, sentir todo o peso de todo aquele sofrimento. Ela afirmou que já havia percebido uma vida nova e inesperada emergindo daquele abismo em que estava, das águas em que estivera se afogando.

Não sei quanto tempo levou essa troca — da pergunta inicial dela até a minha pergunta para ela. Três minutos? Dez? Vinte? O tempo era flexível. Perdi a noção, assim como as pessoas ao meu redor. Todos nós estivéramos juntos em algum lugar. Ainda estávamos lá, sentados no teatro, participando da sessão de perguntas e respostas antes da apresentação de ROB BELL, e, no entanto, estivéramos em outros lugares. Em nossos históricos, nossas memórias, nossas histórias. Havíamos abordado muita coisa sentados ali naquelas cadeiras.

Dias depois, ainda estava pensando na pergunta dela. Isso acontece o tempo todo: encontro pessoas, fazemos uma troca, elas me falam de sua vida, fazem perguntas, eu faço as minhas. Pensei na história de Jesus mostrando ao discípulo Tomé as feridas da crucificação depois da sua ressurreição, basicamente dizendo a ele: *Até mesmo isso faz parte.*

Isso é uma nova criação. Uma nova criação inclui tudo isso, tudo que veio antes. Isso é o que acontece quando você possui tudo. Você entra naquelas águas e descobre durante o processo um mundo totalmente novo que nasce, um novo mundo que inclui tudo o que veio antes.

Há um mistério aqui: como é possível o universo ser um lugar tão expansivo a ponto de os acontecimentos que inicialmente experimentamos como dolorosos, trágicos e errados, dado o tempo suficiente, *nos abrirem* e nos tornarem maiores, mais amorosos e mais fundamentados.

É por isso que aqueles primeiros discípulos de Jesus costumavam explicar esse grande mistério contando a história em que ele era executado na cruz.

Jesus não explica o sofrimento — como se o mal que as pessoas fazem umas às outras pudesse ser explicado —, ele o *suporta*. Ele o leva para a expansão do seu ser.

Não passivamente, como se ele não tivesse escolha, mas ativamente, com deliberação, como se estivesse sintonizado com algum grande segredo envolvendo uma totalidade à qual todas as partes, em última análise, pertencem.

Novamente, há poesia nisso. A história não acabou. Está apenas começando. Ele foi morto, mas essa não é a última palavra. É a primeira de um novo mundo. A violência não tem a última palavra, o amor sim.

O sofrimento não finaliza a história, desencadeia uma história totalmente nova...

Não é à toa que as pessoas ainda usam cruzes, milhares de anos depois. Esse sinal, esse símbolo responde à pergunta que todos nós já fizemos: *Pode algo novo ser criado até mesmo a partir disso?*

Essa é a pergunta à espreita em todas as nossas águas escuras, é o convite que nunca para de vir em nossa direção, para ver a totalidade, crescer mais, expandir-se junto com o universo. E, mais uma vez, aprender que os nossos corpos podem incluir *até isso.*

Este momento, o sofrimento, o medo, o encontro, tudo é o Espírito pairando *até mesmo sobre essas águas?*

O vizinho irritante, a dor crônica, parentes tóxicos, dívidas, a ameaça de violência física, colegas de trabalho mesquinhos, crianças que continuamente partem seu coração, um namorado que acabou de terminar a relação, outro tiroteio em uma escola... *Pode algo novo ser criado até mesmo a partir disso?*

Sim. O Espírito está em tudo isso. Em *tudo.* Em todas essas águas escuras, pairando.

Anos atrás, falei em um evento em Chicago organizado pela revista **Time**.

NA REALIDADE, ERA UM PAINEL. O ÚLTIMO PAINEL EM QUE ESTIVE, não suporto participar deles. Com prazer, sento-me na plateia e gosto de ouvir quem quer que seja falando sobre o que quer que seja. Ou, com prazer, pego o microfone e faço a minha coisa. Mas painéis, nem pensar, são uma tortura para mim. Simplesmente não consigo fazer parte deles. Ficar sentado ali, esperando minha vez. Não querer tomar muito tempo, mas querendo dizer *algo*.

No início daquele painel de discussão, fomos convidados a nos apresentar e dar uma breve descrição do que fazíamos. Os demais participantes do painel foram bem claros e concisos. Um homem ajudava pessoas a ter acesso a água potável, uma mulher ajudava a educar mulheres muçulmanas. Eram bastante expressivos e articulados. Eu tropecei na minha resposta, para ser bem generoso. Não fiz sentido, como se provavelmente não devesse participar daquele painel. Eu me martirizei por causa daquela resposta durante meses. Ter chegado tão longe, trabalhado tanto, e nem sequer ter sido capaz de oferecer uma breve descrição do que fazia da vida?

Eu estava com medo de confessar o que faço. Porque parecia muito... *esotérico*? Essa pode ser a palavra. *Vago*? Essa também.

Estou mais maravilhado e admirado do que nunca, e quero que todos, em todos os lugares, fiquem mais maravilhados e admirados comigo.

Quero que todos digam SIM a esse convite. Temos tanto quando somos crianças. Um inseto na calçada nos fascina. Ganhamos uma bicicleta nova e pedalamos durante horas. Durante dias.

Portanto, sim à tradição da sabedoria antiga, sim a tudo que é espiritual, sim a novas leituras da Bíblia, sim à tradição de Jesus, sim às verdades encontradas em todas as tradições em todos os lugares, sim à ciência, à arte, às ondas e às histórias, sim aos shows, aos livros, aos eventos e às peças, mas, subjacente a tudo, o que procuro é a maravilha e a admiração.

Quero ajudar as pessoas a redescobrirem a maravilha e a admiração de sua existência.

Evitei dizer isso por anos porque, bem, *diga isso em um painel.*

Então, tentei encaixar, mas não funcionou. Se eu estivesse naquele painel de novo, provavelmente diria: *Olá, sou Rob. Adoro ajudar as pessoas a redescobrirem a maravilha e a admiração pela vida, porque esse é o ponto de partida. É onde começamos, é o que todos nós queremos...*

Veja, é um pouco vago e exagerado, mas é ótimo, não é? Claro que eu poderia continuar como um professor espiritual enraizado no antigo movimento de Jesus...

E se, depois de ouvir isso, alguém da plateia gritasse: *Basta de painel! Conte-nos mais!* — o que seria estranho, mas eu ficaria feliz em falar mais —, eu começaria falando dos seus pais.

Porque, no começo, seus pais mantêm relações sexuais. É assim que você chega aqui. No início, sua mãe e seu pai se uniram e, em algum momento ao longo daquele encontro, seu pai fez sua *contribuição* — vamos chamá-la assim — de cerca de 250 milhões de espermatozoides, dos quais *um* finalmente chegou ao óvulo de sua mãe, fertilizou-o e, finalmente, se tornou você.

As probabilidades são terríveis, existe uma quantidade enorme de desperdício ineficaz, mas aqui está você.

O restante daqueles espermatozoides não sobreviveu. A terminologia científica para isso é: eles *morreram.*

Seus pais fizeram amor, e milhões e milhões de espermatozoides morreram, exceto um.

São milhões e milhões de mortes, insucessos e potenciais frustrados. Toda aquela mortandade, bem em seu início, tecida em suas origens, roçando em toda aquela potência criativa explosiva que finalmente se tornou você.

Sabemos que vamos morrer, sabemos que é para onde vamos *no fim das contas*, mas a morte também estava lá *no início*.

Às vezes, as pessoas falam sobre a morte como se fosse a coisa que vem depois disso. Há a vida, na qual estamos agora, e depois há a morte, na qual estaremos quando esta vida acabar.

Porém, a morte não entra abruptamente quando a vida acaba, a morte está presente em toda a criação, em cada passo do caminho.

TODA A SUA CRIAÇÃO.

Ao nosso redor, o tempo todo, a vida e a morte estão muito próximas, tudo totalmente *natural*.

Essas linhas estão mescladas, as duas dançam juntas a vida toda. E antes disso.

Claro que nos sentimos próximos daqueles que morreram. Claro que conhecemos pessoas e dizemos:

— Sinto que nos conhecemos desde sempre.

Claro que, por milhares de anos, as pessoas falam a respeito da comunicação com aqueles que vieram e partiram antes de nós. Claro que algumas pessoas insistem que esta não é a primeira vez delas aqui.

As fronteiras e os limites são muito mais porosos do que poderíamos imaginar. Na Bíblia, há um versículo incrível de como *estamos cercados por uma grande nuvem de testemunhas*. Sim, é claro. Onde mais estariam todos aqueles que vieram antes de nós?

Às vezes, as pessoas são inflexíveis e consideram que esta vida é tudo o que existe, e então terminará para sempre. Finalmente. Para sempre. É isso. Mas quão pequenos e pobres teriam que ser o intelecto e a imaginação de uma pessoa para proclamar com confiança e de forma definitiva que isso — *esse curto período de anos, essa breve experiência nesse corpo, esse efêmero vislumbre de espaço-tempo aqui neste planeta* — é tudo o que existe?

Pense em todas as coisas extraordinárias que aprendemos com a ciência e como, quanto mais descobrimos, mais vemos que não sabemos. Já houve algum cientista em algum lugar que disse haver *menos* do que pensávamos? Menos mistério? Menos para investigar? Menos daquilo que nem sabemos?

Não. É sempre mais. Todas as vezes. Aprendemos apenas que há mais coisas lá fora, aqui, ao nosso redor. Claro, só estamos começando.

O que nos traz de volta à morte. Há morte *no fim da vida*, mas para você estar aqui houve morte, muitas mortes, milhões e milhões de vezes, *no início da sua vida.*

Não sabemos o que acontece quando morremos. Isso é verdade. Mas também ninguém sabia o que iria acontecer quando você nascesse. Quem você se tornaria. Como seria sua vida. O que você faria. O que aconteceria com você.

Há um mistério sobre o que você experimentará no fim da vida, como havia um mundo de mistério no início da sua vida.

É por isso que os novos pais passam muitas horas sentados junto ao berço, olhando para o novo bebê. *O que criamos aqui? Quem é essa pessoa? O que essa vida vai se tornar?*

As perguntas são inebriantes. Você não consegue pensar em mais nada. Que professores são esses recém-nascidos quando nos mostram em que tipo de universo estamos vivendo.

Cerca de 250 milhões das contribuições do seu pai *morreram* na sua criação. São muitas mortes.

Então, quem sabe se a morte do fim da sua vida não é outro começo, muito parecido com todas as mortes do começo?

Porque os fins sempre geram começos.

FALANDO DO COMEÇO, APENAS VINTE POR CENTO DOS ESPERMATOzoides possuem o que se considera um formato decente; alguns têm duas cabeças, noventa por cento morrem na primeira meia hora e, inicialmente, o organismo da sua mãe acha que a contribuição do seu pai é um tipo de *intruso*.

O sistema imunológico dela entra em alerta máximo porque a contribuição do seu pai parece estranha e, em seguida, procura destruí-la com ácido mortífero.

Para que fique claro, *a princípio, o organismo de sua mãe tentou exterminar* a parte de você que veio do seu pai.

A complexidade é impressionante. O organismo de sua mãe possui sistemas para identificar possíveis ameaças à saúde dela e esses sistemas são bastante eficientes na capacidade de destruir as ameaças. No entanto, nesses sistemas eficientes também há uma capacidade de identificar que a primeira avaliação estava incorreta e que a ameaça percebida era na verdade *um mensageiro de uma nova vida*.

Sua vida se tornou bastante complexa com o tempo, certo? Contas a pagar, estresse, relacionamentos e tentativas de descobrir o que você veio fazer aqui, esforço para criar um filho, para se entender melhor, para fazer a coisa certa em situações difíceis. No entanto, as complicações em sua vida começaram muito antes de você chegar aqui. Você estava nadando em complexidade, avaliações erradas e ambiguidade desde o início. Literalmente.

Depois de ter sobrevivido àquele quase extermínio, o espermatozoide teve que viajar. Se a contribuição de seu pai fosse extrapolada para o tamanho de um ser humano, teria que alcançar um destino a mais de trezentos quilômetros de distância. Muito rápido.

De imediato, o espermatozoide teve que atravessar o colo do útero, que possui canais intermináveis que dão em lugar nenhum, como se subisse uma escada de muitos quilômetros de altura para descobrir que ela não está encostada em nada. Nesse momento, é tarde demais para dar meia-volta, descer a escada para subir outra e descobrir... Bom, você entendeu. Cerca de noventa e nove por cento dos espermatozoides nunca passam do colo do útero.

Então, vem o útero, que é como uma vasta planície aberta. Em escala humana, tem mais de três quilômetros de comprimento e pouco menos de um quilômetro de largura. O espermatozoide precisa encontrar uma abertura específica, que possui cerca de duas cabeças de largura. Nesse momento, algo como mil espermatozoides estão morrendo a cada batimento cardíaco.

E então o espermatozoide encontra os leucócitos pela primeira vez. A palavra leucócito parece o nome de alguma seita religiosa obscura, mas não estamos falando de seitas. Os leucócitos são glóbulos brancos que protegem o organismo da sua mãe, caçando invasores estrangeiros. Eles se movem em bandos e são maiores do que os espermatozoides. Depois que os leucócitos capturam os espermatozoides, eles os *decapitam*.

É isso mesmo.

E então, finalmente, se o espermatozoide sobreviver — e, já que estamos falando sobre *você*, quer dizer que o espermatozoide de fato sobreviveu —, vai chegar às trompas de Falópio, onde, para conseguir entrar, tem que exibir o que pode ser descrito melhor como *capacidade de natação adequada*.

É como uma prova ou uma entrevista de emprego.

O organismo de sua mãe teve que determinar se a contribuição de seu pai *apresentou os movimentos certos*.

Eu sei. Estou pensando a mesma coisa. Essa é a descrição de fatos de um processo conhecido e verificado, que acontece o tempo todo e em todo o mundo, e vem acontecendo há dezenas de milhares de anos, mas é quase impossível não interpretá-lo em outro nível.

Glóbulos brancos, colo do útero, movimento, atrito e sistemas projetados para proteger e preservar, e, depois, em algum lugar no organismo de sua mãe, houve um processo biológico, químico e fisiológico, que avaliou o *movimento* do espermatozoide — se era bom o suficiente ou não. Alguma coisa da descrição desse processo específico estranhamente soa como, bem, sua mãe e seu pai. *Humanos.*

Ela *avaliou* seus movimentos em algum momento, não foi? Não apenas células e substâncias químicas, mas... O quê? Coração? Alma? Mente? Personalidade? Caráter? Compatibilidade?

E então, no final, depois de toda aquela viagem, todos aqueles ácidos, bandos e distâncias, e contra todas as probabilidades, o espermatozoide chega perto do *óvulo* dela.

Um pouco a respeito desse óvulo. Sua mãe começou com um número entre um milhão e dois milhões de óvulos. No momento em que ela e seu pai se uniram, ela tinha cerca de mil. E o óvulo aparece por poucos dias do mês...

Precisamos fazer uma interrupção aqui e registrar que o ciclo mensal de liberação do óvulo dela foi influenciado — como o de todas as mulheres em todos os lugares desde sempre — pelos movimentos sequenciais e inabalavelmente regulares da Lua.

A *Lua*. Vou digitar a palavra de novo por pura admiração pela estranheza inesperada desse relacionamento específico: a *Lua*.

Para que fique claro, o organismo feminino possui um alinhamento sincronístico intuitivo com uma rocha flutuando no espaço a quase 385 mil quilômetros de distância.

Ela é uma mulher, um ser humano, bem aqui entre nós, em carne e osso, e algo nela também é *planetário*.

Faça uma pausa e coloque a mão no coração. Você sente isso, esse corpo que você tem? Você tem um corpo, você vem de um corpo, um corpo que possui uma conexão com um corpo celeste a centenas de milhares de quilômetros de distância. Há algo universal a nosso respeito, algo tão grande presente dentro de nós quanto o sistema solar.

Quando você não pode ir a um evento que gostaria, às vezes você diz para quem vai estar lá:

— Estarei com vocês em espírito.

O que isso quer dizer? Que você não vai estar lá, mas vai? Sabemos exatamente o que você quer dizer. Às vezes, alguém que amamos morre e, na próxima vez em que estivermos em um lugar que costumávamos estar com aquela pessoa, podemos senti-la conosco.

Como se a pessoa tivesse partido, mas ainda estivesse lá. Claro. Ela está conosco *em espírito*.

O corpo que você tem, esse que você tem na mão agora, *é algo que está acontecendo dentro de você*.

Às vezes, as pessoas falam sobre o corpo como a fronteira externa do eu. Você tem um corpo e, então, dentro do seu corpo pode ou não haver um Espírito, uma alma, um fantasma na máquina ou algo assim, dependendo da visão sobre essas coisas.

Contudo, você possui o Espírito, e o Espírito se estende muitíssimo além do corpo. Seu corpo é algo que está acontecendo dentro de um fenômeno muito maior conhecido como você.

Fundamental para esse fenômeno de ter um corpo é a nossa conexão inerente com o Sol, a Lua e as estrelas. As conexões são infinitas.

De volta à Terra e àquele óvulo em particular. Ele veio na janela estreita de tempo daquele mês, mas não foi embora. Permaneceu e, quando sentiu que o espermatozoide estava próximo, enviou um sinal que o ajudou a nadar o último trecho, impulsionando-o para o que é conhecido como *estado de hipermotilidade.*

Adoro isso. Algo dentro dela ajudou algo que saiu dele a atingir um *estado de hipermotilidade.*

O sistema da mulher é altamente calibrado para protegê-la de invasores. Ela possui vários processos que podem ser estimulados na hora para pulverizar algo com ácido mortífero ou para cortar a cabeça de um espermatozoide.

Ser letal.

Ela é feroz, protetora e forte.

Mas então o amiguinho — essa parece a palavra certa aqui, não é? — sobrevive, resiste, segue em frente, enquanto seus — de novo, vamos encontrar uma palavra — colegas... Colegas? Companheiros? Camaradas *marinheiros*?

Marinheiros. É isso.

Ele simplesmente segue em frente, enquanto aqueles com os quais ele começou a viagem estão sendo derrubados à esquerda e à direita. Mais de 200 milhões deles derrotados, mortos, perdidos. E ainda assim o amiguinho prossegue.

Ele avança até chegar o momento em que está perto o suficiente do óvulo, que, por sua vez, sente a proximidade dele...

Espera aí. O quê? O óvulo *sente* a proximidade dele?

Sim, sente. O óvulo tem consciência? O óvulo percebe?

Sim, exatamente. O óvulo sente que ele está perto e *o ajuda.*

Vamos fazer uma interrupção e aproveitar isso um pouco. Há um momento em que o amiguinho já foi bem longe, com sua resistência, resiliência e progressão indomável. Gosto tanto dessa frase que vou repeti-la e colocá-la em destaque: há um momento em que a *progressão indomável* dele o leva ao lugar onde ela não o trata mais como um invasor. Então, os mesmos sistemas que foram calibrados antes para cortar a cabeça dele, por meio de sinais químicos e uma orientação cuidadosa, trabalham para levá-lo ao seu destino.

No final, aquele que o sistema dela não matou, confundiu, desgastou, explodiu com ácido mortífero ou que não ignorou por pura indiferença às chances insuperáveis que ele havia enfrentado — *aquele* — foi ajudado no final de sua jornada.

Como se o óvulo estivesse pronto para ele.

Tudo isso aconteceu para fazer de você *você*? Aquele amiguinho lutou com unhas e dentes e superou as adversidades. Isso já aconteceu para você ser você.

É por isso que histórias de pessoas que superam grandes adversidades nos comovem e nos inspiram? É por isso que histórias de compaixão, cuidado mútuo, atenção aos vulneráveis mexem tanto conosco? Porque isso vem acontecendo desde o nosso início, no nosso início. Está integrado no tecido da criação.

Essas duas energias — a energia de progressão indomável, que apenas segue em frente independentemente das adversidades, e a energia de escuta e sensoriamento que cuida daquele em perigo — estavam inextricavelmente entrelaçadas, trabalhando juntas, em harmonia, para cada um de nós ser criado.

Essas energias são cósmicas, arquetípicas, sagradas, o yin e o yang da criação. Elas trazem à existência, mantêm tudo junto, conservam o equilíbrio. Temos escrito, cantado, discutido e observado a interação dinâmica entre essas duas energias ao longo de milhares e milhares de anos. E, para você ser você, elas se encontraram e se abraçaram.

Não é à toa que você às vezes tem grandes sonhos para sua vida. Não é à toa que você fica acordado à noite fazendo-se grandes perguntas. Não é à toa que às vezes você sente que seu coração vai explodir com a plenitude e a profundidade da vida... Antes mesmo de você nascer, as energias criativas mais primordiais do universo estavam se reunindo para trazê-lo à existência.

Vamos fazer uma pausa aqui, porque algo aconteceu algumas páginas atrás que devemos retomar. Estávamos em plena atividade, seguindo o processo reprodutivo.

O processo reprodutivo. É uma expressão muito técnica, muito árida, muito sem vida, embora seja a que utilizamos para descrever o fenômeno absolutamente surpreendente da criação de um ser humano.

É aonde quero chegar. Estava usando uma terminologia bastante direta da biologia, como *espermatozoide*, óvulo e *motilidade*, para descrever esse processo com a maior precisão possível. E poderia ter girado um pouco os botões e usado palavras como *cromossomos, feromônios, células ameboides* e *macrófagos*; poderia até ter mencionado a *ampola*.

E, com tantas terminologias e descrições, teríamos cada vez mais detalhes e informações de como cada um se tornou o que é.

Porém, algumas páginas atrás, comecei a me referir à contribuição de seu pai como um *amiguinho*. E, às respostas de sua mãe às iniciativas dele, acrescentei um "dela" e um "ela".

Ao me referir ao espermatozoide como um pequeno amigo, *isso* é exato: um espermatozoide mede 0,05 milímetro. (A menor coisa que você pode ver a olho nu mede 0,1 mm.) Então, sim, *pequeno*. Mas *amigo*? O espermatozoide não tem gênero. Ele é uma célula. E mesmo assim usamos ele. *Dela* e *ela* e *dele* e *amiguinho*. E, ao usar esses termos, fez parecer um pouco mais como uma história: a jornada dele, a força dela, os obstáculos que ele enfrentou e a ajuda que ela deu não são tecnicamente como você descreveria, mas, em outro nível, em outra esfera, *conhecemos essa história.*

Não são descrições conflitantes. Elas se complementam. Dançam juntas.

Esse é um dos grandes dons da ciência: desmontar as coisas, decompô-las em componentes menores, mostrar com precisão e detalhar como tudo funciona.

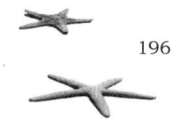

E esse é um dos grandes dons da arte: juntar coisas que você não teria pensado em conectar. São apenas um espermatozoide e um óvulo, mas você começa a falar deles como se fossem um homem e uma mulher, mas é absurdo e estranho; e ainda assim isso ressoa em algum lugar dentro de você; você se pega pensando: *Continue, quero ver como isso termina...*

De volta à contribuição de hipermotilidade de seu pai, que alcançou o abraço ovular de sua mãe, e tal união constituiu um zigoto. E então — você sabe o que aconteceu, estava lá — o zigoto cresceu. Ao longo de nove meses.

Um mês depois, o coração se forma; depois de dois meses, os ossos e o rosto tomam forma; três meses depois, já existem braços, pés e órgãos; quatro meses, o sistema nervoso está funcionando; cinco meses, os músculos se desenvolvem e o cabelo começa a crescer; seis meses, consegue soluçar; sete meses, consegue ouvir sons e reagir à luz; oito meses, consegue perceber o cérebro dando grandes saltos de desenvolvimento; e, depois de nove meses, consegue piscar e ter os pulmões funcionando sozinhos. Em nove meses, um feto menor que um grão de arroz se tornou um ser humano com todos esses sistemas e órgãos totalmente integrados, com dedos das mãos e dos pés e a capacidade de soluçar.

Foi *disso* para *você*?

É um aumento espantoso de complexidade.

Dentro de cada mãe ocorre a transformação de algumas células no ser vivo mais complexo do universo, e isso acontece em nove meses?

E acontece o tempo todo? Em todas as mães de todos os lugares? Não é uma aberração, ou um caso isolado, como todos nós nos tornamos *todos nós*? Isso já aconteceu bilhões e bilhões de vezes? E continua acontecendo? Ano após ano após ano?

Se eu nunca tivesse ouvido nada disso e você me contasse, não sei se acreditaria em você. Que história espantosa. E essa história que você estaria me contando seria sobre universo, biologia, cosmologia, planetas e sobre cada ser humano em todos os lugares, mas também você estaria me contando sobre *você*.

E sobre mim.

Às vezes, as pessoas falam de milagres como se alguns acreditassem neles e outros não. Como se o mundo estivesse em plena atividade e, então, algo acontecesse interrompendo aquela plena atividade normal e cotidiana, algo que tivesse infringido as regras, algo sem precedentes e, depois, as coisas voltassem ao normal.

Como se houvesse uma quebra na rotina antes que as coisas voltassem ao normal.

Não acredito em milagres dessa forma porque tudo é milagroso. Você. Eu. Tudo. Há algum precedente para isso? Houve uma explosão e, em seguida, 13 bilhões de anos de expansão? E fundamental para essa expansão é a ligação entre entidades semelhantes — átomos, moléculas, células — para gerar novas formas? O quê? E isso continua acontecendo, anos após ano após ano? O universo segue adiante, continua criando, continua se desdobrando.

Claro que o termo técnico para tudo isso é *milagre*.

E a luta em relação a isso? Nossa própria concepção se impregnou de luta. Ela quase o exterminou. Milhões e milhões *deles* morreram. Essa coisa — você — estava condenada desde o início, mas não foi o que aconteceu, porque você está aqui. Aquelas adversidades insanamente insuperáveis foram superadas. Você tem um sonho? Você está tentando mudar um sistema que está tão arraigado e não parece que será capaz de mudar nada? Você está tentando ajudar alguém e parece que todas as adversidades estão empilhadas contra você? Você já esteve aqui antes. A luta não é novidade. Está embutida em tudo.

O que pode ser bastante desanimador. Ou você pode reler estas últimas páginas, porque eu estava justamente descrevendo a jornada de um espermatozoide nas trompas de Falópio. Foi legal, não?

As lutas, as adversidades, o corte de cabeças de inúmeros camaradas dele por parte dela: isso é o que torna a história tão boa, não é mesmo?

A luta é o que a torna tão atraente. Sabemos disso há milhares de anos. A Bíblia começa com uma história sobre um povo chamado Israel, e *Israel* significa basicamente *aquele que luta com Deus*. Gosto disso. Soa verdadeiro. A luta é parte indissociável de tudo. É um convite para todos nós. De começar por aí. Claro que vai ser difícil. O que mais poderia ser? As adversidades estavam empilhadas contra nós desde o início.

Mas você está aqui. Você é a resposta às adversidades. E ninguém está duvidando de que você esteja aqui. Bem-vindo à luta.

Você está aqui porque sua mãe e seu pai se uniram, o que tem sido feito o tempo todo. E, quando eles se uniram, foi provavelmente — idealmente — por causa do amor. O amor os aproximou. O amor trouxe você. É assim que chamamos quando os seres humanos se unem.

Então, como chamamos quando partículas, átomos e moléculas se unem?

Se chamamos de amor o que acontece em estágios avançados das formas mais complexas, como sua mãe e seu pai e você e eu, devemos chamar de amor o que acontece antes, com formas menos complexas, como átomos e moléculas?

É TUDO POR CAUSA DO AMOR? TODO ESSE SER, TODO ESSE VIR A SER, todos esses desdobramentos incessantes que continuam criando novas camadas e formas que o universo nunca viu antes: *amor* é a palavra apropriada para tudo isso?

Ao falarmos de como no final tudo o que importa são os entes queridos, e ao cantarmos que tudo de que precisamos é amor, estamos confirmando o que cada átomo e célula tem feito o tempo todo?

E se Deus é o nome para Ser em Si, e amor é o que Ele vem fazendo esse tempo todo, então "Deus é amor" é uma boa maneira de descrever essa experiência que estamos tendo, não é?

É agosto de 2019 e estou em uma zona rural na Dinamarca, observando o campo que termina no mar.

AO MEU LADO ESTÁ A CASA EM QUE MEU AVÔ NEIL CRESCEU. NEIL costumava ficar nesse campo, olhando para o mar, desejando uma vida melhor em outro lugar.

No meu celular, tenho uma foto dele na frente dessa casa, em 1903.

Ouvi falar dessa casa minha vida inteira. Os cinco irmãos de Neil. O pai severo. O trabalho interminável nos campos para sobreviver. Os pais que o fizeram trabalhar para uma família rica local, que amarrou uma corda na cintura dele e o abaixou no esgoto para remover os dejetos humanos.

E então, aos dezenove anos, Neil foi embora. Ele caminhou por aquela estrada de terra, que ainda é de terra, e nunca mais voltou. Nunca mais foi ver seus pais, nunca mais foi ver a casa em que cresceu.

Depois de anos olhando para o mar, Neil embarcou em um navio com destino a Los Angeles, onde começou do zero. Ele montou um negócio, formou uma família, sobreviveu.

Eu me viro e tiro uma foto de Violet, que, por sua vez, está tirando uma foto da casa. Ela está totalmente envolvida nisso: os detalhes, as histórias, a busca por essa casa.

Neil. Eu tenho muitas perguntas.

Eu me abaixo e toco o chão. Tremo um pouco. Volto a observar o campo que termina no mar. Olho para trás, para aquela estrada de terra estreita que leva à cidade, pensando em Neil caminhado por aquela estrada uma última vez, sem saber que nunca mais voltaria.

Essas são as minhas raízes, essa história faz parte da minha, está tudo conectado. Estou em algum lugar em tudo isso.

Cem anos depois, vim de Los Angeles para ver e sentir isso, em busca de algo. *Mais um pouco de quem eu sou? Mais um pouco de quem somos?*

Você tem o seu próprio Neil. Seu próprio campo. Sua própria partida rumo ao desconhecido. Todos nós temos. Tudo faz parte disso.

Por que estou nesse campo? Estou voltando, o que significa seguir em frente. É assim que funciona. Viemos de corpos, lugares e acontecimentos, e voltamos lá de vez em quando, encontrando pedaços de nós mesmos que não sabíamos que estavam lá, porque tudo está conectado a todo o resto, e, quanto mais sabemos de quem e de onde viemos, mais sabemos sobre para onde estamos indo.

Nesse momento, algo me trouxe a esse pedaço de terra, algo que é uma parte de mim que se torna eu, e, ao me abaixar e tocar a terra, há algo infinito ali naquele solo.

Você vê? Você vê o que temos que experimentar? Coloque a mão no coração. Você pode senti-lo? Tudo é espiritual. Há um universo em seu peito. Há um cosmos em seu coração. Sabemos que há mais. Sabíamos disso o tempo todo. Que presente! Toda essa maravilha e admiração.

Sinto que estou apenas começando. Não consigo imaginar para onde vou a seguir. É como um convite interminável. E podemos dizer sim. Várias e várias vezes.

Agradecimentos

MIL AGRADECIMENTOS A...

Chris Ferebee. Dezenove anos depois e estamos apenas começando.

Jennifer Enderlin. Sou muito grato por sua edição e energia e por me ajudar a não quebrar o encanto.

Stratton Robert Glaze. Por todas as longas conversas em todas as longas viagens e, é claro, o toque de Justo Gonzáles, que me ajudou a ver o que tenho feito o tempo todo.

Banda Mogwai por sua música "Ether". Ela mexe comigo. Eu a ouvi inúmeras vezes ao escrever este livro.

Jill Rowe. Lembra quando você, Preston e eu fomos de Londres para Bristol para aquela apresentação e, depois, voltamos para Londres mais tarde naquela noite, e eu li uma versão inicial deste livro para você em voz alta no assento do passageiro durante todo o caminho de ida e volta? Aquilo foi maravilhoso.

Andrew Morgan, Phil Wood, Helen Mom Bell, Ruth Bell Olsson, Chris York, Liz Gilbert, Sheryl Moller e Kristin Hanggi por lerem as primeiras versões e me darem tanto amor, insight e feedback.

Kristen Bell. Esta é a parte no final onde tento encaixar em uma ou duas linhas, na seção de Agradecimentos, um pouco do tanto que você teve a ver com este livro. Por onde eu começo? Houve muitas vezes em que eu estava escrevendo e digitava o pronome da primeira pessoa "eu". Então, parava e pensava que o pronome certo era "nós". Porque você esteve aqui o tempo todo, geralmente um passo à frente. Portanto, sim, é o meu livro, mas é a nossa vida. E a sua contribuição? Todas as suas ideias, toda a sua energia, toda a sua progressão indomável, sua edição e sua insistência de que poderia ser ainda melhor — sem falar do seu destemor, sua força e seu desejo de continuar, independentemente da direção para onde nos levasse. Como eu poderia encaixar isso em algumas linhas no final de um livro?

ASSINE NOSSA NEWSLETTER E RECEBA
INFORMAÇÕES DE TODOS OS LANÇAMENTOS

WWW.FAROEDITORIAL.COM.BR

Há um grande número de portadores do vírus HIV e de hepatite que não se trata.

Gratuito e sigiloso, fazer o teste de HIV e hepatite é mais rápido do que ler um livro.

Faça o teste. Não fique na dúvida!

CAMPANHA

FiqueSabendo

FARO EDITORIAL

ESTA OBRA FOI IMPRESSA
EM ABRIL DE 2024